Nadine Ozeir

Wie sich Persönlichkeitsmerkmale auf den Erfolg einer Unternehmensgründung auswirken

Entscheidet der Charakter des Gründers über Erfolg und Misserfolg?

Bibliografische Information der Deutschen Nationalbibliothek:

Die Deutsche Nationalbibliothek verzeichnet diese Publikation in der Deutschen Nationalbibliografie; detaillierte bibliografische Daten sind im Internet über http://dnb.d-nb.de abrufbar.

Impressum:

Copyright © Studylab 2020

Ein Imprint der GRIN Publishing GmbH, München

Druck und Bindung: Books on Demand GmbH, Norderstedt, Germany

Coverbild: GRIN Publishing GmbH | Freepik.com | Flaticon.com | ei8htz

Inhaltsverzeichnis

1 Einleitung...1

1.1 Fragestellung und Zielsetzung 2

1.2 Forschungsstand 2

1.3 Gang der Arbeit..3

2 Begriffliche Grundlagen 4

2.1 Entrepreneurship...4

2.2 Entrepreneur 6

2.3 Unternehmerische Gelegenheit 8

2.4 Unternehmenserfolg...9

3 Eigenschaften eines Entrepreneurs 12

3.1 Persönlichkeitsmerkmale..12

3.2 Demographische Merkmale...27

3.3 Allgemeine Einflussfaktoren 31

4 Analyse Unternehmerpersönlichkeiten... 37

4.1 Oliver Samwer 37

4.2 Frank Thelen 40

5 Methodische Begrenzung.. 44

6 Fazit... 45

Literaturverzeichnis.. 48

1 Einleitung

Entrepreneurship hat in den letzten Jahren rasant an Bedeutung zugelegt. Durch die vielen Erfolgsgeschichten bekannter Entrepreneure, sowie diverser Fernsehshows wie der „Höhle der Löwen" sind Unternehmensgründungen ein spannendes Thema für die Bevölkerung geworden. Auch aus volkswirtschaftlicher Perspektive besteht ein noch längst nicht ausgeschöpftes und ein künftig weiterwachsendes Wertpotential. Durch diese Aufmerksamkeit ist es nicht verwunderlich, dass Entrepreneurship auch zu einem interessanten Forschungsfeld geworden ist.

Dabei sind die wichtigsten Treiber der Entrepreneurship-Forschung in den Bereichen Wirtschaft, Psychologie und Soziologie zu finden.

Doch während manche Entrepreneure ihre Idee erfolgreich umsetzen, scheitern andere bereits nach kurzer Zeit. Interessant ist dabei die Frage, warum es manchen Gründern[1] gelingt ein erfolgreiches Konzept zu entwickeln und dieses umzusetzen und anderen wiederum nicht.

Daher wurde gerade in den letzten Jahren dem Themenkomplex der Persönlichkeitsforschung verstärkt Aufmerksamkeit gewidmet. Zahlreiche Unternehmerpersönlichkeiten wurden analysiert und deren Eigenschaften und Fähigkeiten identifiziert, um eine Feststellung über erfolgsrelevante Faktoren treffen zu können.

Trotz vieler verschiedener Ansätze bei der Erforschung der Unternehmerpersönlichkeit, sind sich Wissenschaftler in dem Punkt einig und schreiben dem Unternehmensgründer bestimmte Attribute zu, die sie von anderen gesellschaftlichen Gruppen unterscheidet.

In der Öffentlichkeit wird diesem speziellen Themenkomplex bisher nur wenig Aufmerksamkeit geschenkt und zudem oft nur sehr oberflächlich betrachtet.

Jedoch ist es essenziell ein Verständnis für die Persönlichkeitsstruktur zu entwickeln, um unternehmerische Aktivität und unternehmerischen Erfolg einer Gründung nachvollziehen zu können.

---

[1] In dieser Arbeit wird aus Gründen der besseren Lesbarkeit das generische Maskulinum verwendet. Weibliche und anderweitige Geschlechteridentitäten werden dabei ausdrücklich mitgemeint, soweit es für die Aussage erforderlich ist.

1.1 Fragestellung und Zielsetzung

Die Fragestellung dieser Arbeit gliedert sich in folgende drei Komponenten:

- Welche Persönlichkeitsmerkmale eines Gründers wurden in der Forschung als Erfolgsfaktoren identifiziert?
- Inwiefern haben die Charaktereigenschaften eines Gründers Einfluss auf den Erfolg der Gründung?
- Welche Aspekte werden dabei in der wissenschaftlichen Literatur nicht berücksichtigt?

Damit soll ein Beitrag zur wissenschaftlichen Basis dieser Auseinandersetzung geleistet werden.

Zielsetzung ist es, aus der bisher bestehenden Literatur und wissenschaftlicher Erkenntnisse die erfolgsversprechenden Persönlichkeitsmerkmale in Bezug auf die Gründung eines Unternehmens herauszuarbeiten. Des Weiteren wird mit diesem erarbeitetem Grundlagenwissen ein Blick auf zwei Gründerpersönlichkeiten gerichtet mit dem Ziel eine kritische Einschätzung in Bezug auf die Übertragbarkeit von der Theorie auf die Praxis zu geben und Faktoren aufzuzeigen, die in der wissenschaftlichen Literatur nicht berücksichtigt werden.

1.2 Forschungsstand

Im nachfolgenden theoretischen Teil dieser Arbeit wird erkenntlich, dass es sich bei der Entrepreneurship-Forschung um kein junges Forschungsfeld handelt. Bereits seit Mitte des 20. Jahrhunderts beschäftigen sich Wissenschaftler mit diesem Themenkomplex. Dabei spielen die beiden Ökonomen Richard Cantillon und Joseph A. Schumpeter, auf die im weiteren Verlauf eingegangen wird, eine bedeutende Rolle.

Wesentlich geht es bei der Entrepreneurship-Forschung um die Frage, welche Person, auf welche Art und Weise, zu welchem Zweck, an welchem Ort und unter Verwendung welcher Ressourcen, welche Form von Unternehmen gründet, welche Produkte und Dienstleistungen dabei auf dem Markt präsentiert werden und welcher unternehmerische Erfolg damit im Zusammenhang steht.[2]

---

[2] Davidsson, Per (2006).

Der Ansatz zur Untersuchung der Persönlichkeitsmerkmale entwickelte sich auf Grundlage der von Schumpeter getroffenen Aussagen in den 1960er Jahren in den USA im Bereich der Psychologie.

Zusätzlich ist dabei der Sozial- und Verhaltenspsychologe David McClelland zu erwähnen, da er die Persönlichkeitsforschung stark beeinflusste und erstmalig unternehmerisches Verhalten mit den Persönlichkeitsmerkmalen eines Menschen in Verbindung brachte.

In den letzten Jahren ist das gesellschaftliche Interesse an der Bestimmung konkreter erfolgsversprechender Charaktereigenschaften im Hinblick auf die Selbstständigkeit immer mehr in den Fokus der Gründerforschung getreten und hat damit auch ein verstärktes Interesse im Forschungsbereich ausgelöst.

Aus der derzeitigen Literatur lassen sich unterschiedliche Erfolgsfaktoren im Zusammenhang mit der Persönlichkeit eines Gründers bestimmen. Ausgangspunkt sind dabei verschiedene empirische Studien und theoretische Ansätze.[3] Auch hat die Wissenschaft bereits eine Reihe von Persönlichkeitseigenschaften erforscht und deren Auswirkungen auf die Gründung eines Unternehmens versucht in Modellen empirisch zu validieren.

1.3 Gang der Arbeit

Neben der Einleitung ist die Arbeit in vier weitere Sinnesabschnitte unterteilt. Um eine Basis für die Auseinandersetzung zu schaffen, werden zunächst die begrifflichen Grundlagen erläutert. Im Anschluss daran folgt eine Zusammenstellung bedeutender Faktoren eines Entrepreneurs, die sich in die Persönlichkeitsmerkmale, demographischen Merkmale und die allgemeinen Einflussfaktoren unterteilen.

Um einen praktischen Bezug zu schaffen, folgt im dritten Abschnitt eine Analyse der zwei Gründerpersönlichkeiten Oliver Samwer und Frank Thelen.

Im letzten Teil wird auf die methodische Begrenzung dieser Arbeit hingewiesen, um abschließend im Rahmen der Schlussbetrachtung ein Fazit zu erarbeiten.

---

[3] Wagner, Kerstin / Ziltener, Andreas (2007), S. 192f.

2 Begriffliche Grundlagen

In Anbetracht der aktuellen Entrepreneurship-Forschung ist deutlich zu erkennen, dass zahlreiche Definitionen existieren, die sich teilweise sehr stark voneinander differenzieren. Dies liegt nicht zuletzt daran, dass der Begriff Entrepreneurship in den letzten Jahren zu einem Modewort geworden ist und es oft zur Vermischung oder Gleichsetzung von Begriffen wie beispielsweise Entrepreneur und Unternehmer kommt.[4] Daher werden die Begriffe im nachfolgenden Abschnitt verdeutlicht und voneinander abgegrenzt.

2.1 Entrepreneurship

Das Wort Entrepreneurship stammt ursprünglich von dem französischen Begriff „entreprendre" ab und bedeutet „etwas unternehmen".[5]

Die Verwendung des Wortes begann mit dem Begriff „Entrepreneur". Zu Beginn wurde darunter eine Person verstanden, die Verantwortung für bestimmte Produktionsvorhaben besitzt und dabei ein gewisses Gewinn und Verlustrisiko trägt.

Erstmalig im Zusammenhang mit unternehmerischer Tätigkeit wurde der Begriff Entrepreneur durch Richard Cantillon im 18. Jahrhundert verwendet.

Da für Cantillon vor allem die Einkommensunsicherheit des Unternehmers im Fokus stand, entwickelte der Ökonom Jean-Baptiste Say den Begriff weiter und unterschied dabei zunächst drei wesentliche Produktionsfaktoren: Arbeitskraft, Kapital und Land, wobei er die menschliche Arbeitskraft in den Fokus stellte. Im nächsten Schritt fand eine Unterteilung der Arbeitskraft in Wissenschaftler, dem Unternehmer und dem Arbeiter statt. Nach dem Say'schen Modell ist das Wissen und die Informationen der Wissenschaftler ein freies Gut, daher stuft er die Arbeit des Unternehmers als bedeutender ein, da dieser nach seiner Auffassung Wissen mit Arbeitskraft vereinbaren muss.[6]

Durch die im Laufe der Zeit zunehmende Verwendung des französischen Wortes in der englischen Sprache, entstand schließlich der Begriff Entrepreneurship.[7]

---

4 Jacobsen, Liv Kirsten (2006), S. 27.
5 Fueglistaller, Urs u.a. (2016), S. 5.
6 Ripsas, Sven (1997), 5 ff.
7 Freiling, Jörg (2006), 11 ff.

In der Zeit der industriellen Revolution widmeten sich schließlich immer mehr Wirtschaftswissenschaftler dem bis dato noch sehr untergeordnetem Thema Entrepreneurship zu. Entrepreneure wie Werner von Siemens, Gottlieb Daimler, Carl Zeiß oder Friedrich Krupp nahmen eine bedeutende Rolle ein und entwickelten Ideen und Projekte, die unser Leben noch heute bestimmen.[8]

Bekanntheit erlangte der Begriff Entrepreneurship im 20. Jahrhundert durch den Ökonomen Joseph A. Schumpeter. Er bezeichnete den Entrepreneur als einen Innovator, der durch neue Kombinationen von Ressourcen das Marktgleichgewicht stört.

Anders hingegen argumentierte der US-Amerikanische Wirtschaftswissenschaftler Israel Kirzner Mitte der 1970er Jahre. Er sah die Unternehmerperson als jemanden, der die Schwachstellen eines Marktes erkennt und nutzt, um ihn somit wieder ins Marktgleichgewicht zu bringen.

Entrepreneurship bewegt sich in mehr als nur einer Fachrichtung und nimmt dementsprechend im Zusammenhang diverser wissenschaftlicher Studien unterschiedliche Sichtweisen ein. Daher ist es nicht verwunderlich, dass trotz intensiver Entrepreneurship-Forschung in den letzten Jahren keine einheitliche Auffassung über den Begriff festgelegt wurde.[9]

Die nachfolgenden Definitionen zeigen jedoch, dass mittlerweile eine annähernde Übereinstimmung bezüglich der Begrifflichkeit besteht:

Michael J. Fallgatter (2002, S. 18): „Entrepreneurship beschreibt die Entdeckung, Bewertung und Ausschöpfung unternehmerischer Handlungsfelder zur Schaffung neuer Güter und Dienstleistungen."

Sven Ripsas (1997, S. 71): „Entrepreneurship/Unternehmertum ist das Erkennen, Schaffen und Nutzen von Marktchancen durch die Gründung von Unternehmen. Innovatives Entrepreneurship/Unternehmertum bedeutet, den Markt genau zu beobachten, querzudenken, Bestehendes zu hinterfragen und neue Produkte zur Befriedigung von Kundenbedürfnissen zu entwickeln und dadurch neuen Wert zu schaffen."

R.D. Hisrich & M.P. Peters (1998, S.6): „Entrepreneurship is the process of creating something new with value by devoting the necessary time and effort, assuming the

---

[8] Fueglistaller, Urs u.a. (2016), 5 ff.
[9] ebenda, 6 ff.

accompanying financial, psychic, and social risks, and receiving the resulting rewards of monetary and personal satisfaction and independence."

Dabei ist festzustellen, dass alle Definitionen einerseits das Erkennen und Umsetzen einer unternehmerischen Gelegenheit bzw. das Nutzen einer Marktchance, anderseits auch den innovativen Aspekt, das Schaffen von etwas Neuem, beinhalten.[10]

Da Entrepreneurship eine dynamische Funktion darstellt und grundsätzlich auf eine Tätigkeit abzielt, die Veränderungen hervorruft, wird der Begriff insbesondere im Kontext mit jungen, neu gegründeten Unternehmen verwendet.

Diese sind im Vergleich zu bereits bewährten Unternehmen auf dem Markt deutlich risikofreudiger und dadurch dynamischer in Bezug auf Veränderungen.[11]

Aus wirtschaftlicher Sicht können die Begriffe „unternehmerisches Handeln" und „Unternehmensgründung" am ehesten den Kern von Entrepreneurship beschreiben und werden daher im Verlauf dieser Arbeit verwendet.

2.2 Entrepreneur

Für das französische Wort Entrepreneur gibt es kein eindeutiges Synonym in der deutschen Sprache. Am zutreffendsten ist das Wort Unternehmer, wobei der Begriff um einiges weiter gefasst ist als der Begriff Entrepreneur im englischen Sprachgebrauch, bei dem vor allem der innovative Aspekt und das Nutzen einer unternehmerischen Gelegenheit eine einnehmende Rolle spielen.

Im deutschen Sprachgebrauch hingegen taucht der Unternehmerbegriff oft im Zusammenhang mit Selbstständigen, Unternehmensgründern oder Inhabern von Familienunternehmen auf.[12]

Demnach ist es nicht zwingend notwendig als Unternehmer ein Unternehmen zu gründen, auch das Leiten einer Firma, ohne diese gegründet zu haben, stellt die Unternehmertätigkeit dar. [13]

---

[10] Ripsas, Sven (1997), S. 62.
[11] Fritsch, Michael (2019), S. 9.
[12] Fueglistaller, Urs u.a. (2016), S. 3.
[13] Ripsas, Sven (1997), S. 65.

Bei einem Entrepreneur hingegen ist die Unternehmensgründung eine zwingende Voraussetzung. Daher kann ein Entrepreneur nicht mit einem Unternehmer gleichgestellt werden.[14]

Des Weiteren handelt es sich bei dem Entrepreneurship-Prozess eher um kleine innovative Start-ups mit einer zu Beginn noch sehr überschaubaren Anzahl an Mitarbeitern und geringem Kapital.

Eine Person die einen Imbiss eröffnet ist kein Entrepreneur, da keine neue Nachfrage und auch kein neues Bedürfnis befriedigt werden.

Entrepreneure entwickeln etwas Neuartiges, durch Veränderung oder Verbesserung derzeit existierender Produkte oder durch Erfindung neuer, bisher noch nichtexistierender Produkte oder Dienstleistungen.

Dabei geht es um das Wahrnehmen einer unternehmerischen Gelegenheit und das Kombinieren neuer Ressourcen.[15] Der Begriff der unternehmerischen Gelegenheit wird im nachfolgenden Abschnitt genauer erläutert.

Eine weitere Differenzierung ist, dass Entrepreneure Schwerpunkte auf den Profit und das Wachstum ihres Unternehmens legen. Kleinunternehmer hingegen gründen in erster Linie aus persönlichen Zielen.

Jedoch ist hierbei nicht verwunderlich, dass es zur Verwechslung kommt, da die Abgrenzung zum Kleinunternehmer nur sehr unklar definiert ist. So ist es nicht untypisch, dass die persönlichen Ziele ebenfalls Profit und Wachstum sind.[16]

Noch unklarer ist die Abgrenzung zwischen den Begriffen Manager und Entrepreneur. Grund dafür ist die Überschneidung ihrer Aufgabengebiete, die von der Kostenrechnung, Finanzierung, Personalführung bis hin zum Verhandlungsgeschick reichen.

Laut wissenschaftlichen Erkenntnissen sind es jedoch die persönliche Überzeugung und die Haltung zur Führung eines Unternehmens die einen Entrepreneur von einem Manager abgrenzt.[17] Entrepreneure handeln im Wesentlichen aus ihrer Intuition heraus und weniger nach sachlichen Prinzipien. Sie weisen häufig ein

---

[14] Ripsas, Sven (1997), S. 65.
[15] Jacobsen, Liv Kirsten (2006), S. 29ff.
[16] ebenda, S. 31.
[17] ebenda, S. 31f.

höheres Maß an Individualität auf und sind oft flexibler, als ein Manager, der grundsätzlich in gefestigten Strukturen arbeitet.[18]

Zusammenfassend ist ein Entrepreneur eine Person, die dazu prädestiniert ist, neue Marktchancen zu entdecken und mit innovativen Ideen versucht neue Nachfragen und Bedürfnisse zu wecken, um diesen mit der Gründung eines Unternehmens nachzukommen. Dabei geht er stets ein Risiko ein und zielt grundsätzlich auf das Wachstum seines Unternehmens ab.[19]

2.3 Unternehmerische Gelegenheit

Bei der unternehmerischen Gelegenheit handelt es sich um eine Chance, wie beispielsweise die Markteinführung eines neuen Produktes oder einer Dienstleistung, die dem Entrepreneur geboten wird und wofür er einen Preis erzielen kann, der über den Produktionskosten liegt.[20]

Diese unternehmerische Gelegenheit jedoch muss zunächst durch den Gründer erkannt oder entwickelt werden.

Ziel ist es dabei, dem Kunden einen Mehrwert zu schaffen, indem ungenutzte oder nur teilweise genutzte Ressourcen und Technologien verwendet werden.

Im Zusammenhang mit dem Erkennen von neuen Marktchancen, haben wissenschaftliche Forschungen vier Faktoren als besonders wichtig eingestuft:

1. die systematische Suche nach Chancen, die der Markt hergibt,

2. unternehmerische Wachsamkeit, 3. Vorkenntnisse und 4. soziale Netzwerke.[21]

Bei der Suche nach Marktchancen handelt es sich um die aktive Beobachtung des Marktes, um eine Chance zu entdecken, die Raum für potenziellen Gewinn hergeben könnte. Die unternehmerische Wachsamkeit wurde als Begriff erstmalig als „entrepreneurial alertness" von Kirzner (1979) verwendet und soll die Nutzung der unternehmerischen Gelegenheit beschreiben. Der Entrepreneur hat einen besonderen Blick dafür, eine solche Chance zu entdecken.[22]

---

[18] Cromie/Johns (1983) S. 323, zitiert nach Jacobsen, Liv Kirsten (2006), S. 32.

[19] Jacobsen, Liv Kirsten (2006), S. 33.

[20] Ripsas, Sven (1997), S. 63.

[21] Fueglistaller, Urs u.a. (2016), 8 ff.

[22] ebenda, 8 ff.

So werden Kundenwünsche beispielsweise früh erkannt, aber auch Entscheidungsfehler anderer Marktteilnehmer. Dies hat zur Folge, dass Ressourcen vom Gründer neu kombiniert werden können, um so neue Möglichkeiten zu schaffen.

Der dritte Faktor, die Vorkenntnisse beschreiben die Tendenz eines Menschen Informationen eher wahrzunehmen, wenn sie mit davor angeeignetem Wissen in Relation gebracht werden können. So kann sich im Laufe des Lebens gesammelte Berufserfahrung positiv auf die Entdeckung neuer Marktchancen auswirken.

Der Aspekt der sozialen Netzwerke beinhaltet die Relevanz von unterschiedlichen Kontakten und Gruppen im Umfeld des Entrepreneurs.

Dabei ist es von Vorteil, wenn Kontakte mit mehreren Netzwerken bestehen, als eine Vielzahl an Kontakten aus einem Netzwerk zu pflegen.[23]

2.4 Unternehmenserfolg

Auch der Begriff „Erfolg" ist in Bezug auf das Thema dieser Arbeit schwierig zu definieren. Trotz der Definitionsprobleme ist es zwingend notwendig eine annähernd adäquate Grundlage für die Begrifflichkeit des Gründungserfolgs zu schaffen, damit weitere Überlegungen im Hinblick auf die Erfolgsfaktoren getroffen werden können.[24]

Grundsätzlich wird der Begriff Erfolg im deutschen Sprachgebrauch als ein *„positives Ergebnis einer Bemühung; Eintreten einer beabsichtigten, erstrebten Wirkung"* definiert.[25]

Allerdings kann Unternehmenserfolg aus unterschiedlichen Perspektiven betrachtet werden und beinhaltet diverse Faktoren, wie zum Beispiel Gewinnsteigerungen, Image, Umsatz- und Mitarbeiterwachstum, die zur Beeinflussung des Unternehmenserfolgs beitragen. Aufgrund der Zusammensetzung vieler verschiedener Teilaspekte, die nur schwer voneinander abgrenzbar sind, kommen empirische Studien und Erfahrungsberichte in Bezug auf eine genauere Definition von Erfolg und wie dieser erreicht werden kann zu sehr differierten Ergebnissen.[26]

---

[23] Fueglistaller, Urs u.a. (2016), 8 ff.
[24] Freiling, Jörg (2006), S. 178.
[25] DudenAbgerufen am 04.08.2019 von https://www.duden.de/rechtschreibung/Erfolg
[26] Jacobsen, Liv Kirsten (2006), S. 37

Gesamtwirtschaftlich betrachtet kann ein Unternehmen als erfolgreich bezeichnet werden, wenn es zur Förderung günstiger Ereignisse der Gesellschaft beiträgt.[27] Darunter zu verstehen sind beispielsweise die Schaffung von Arbeits- und Ausbildungsplätzen, der Antrieb von Innovationen, der Beitrag eines positiven Wirtschaftsklimas, sowie die Erzielung eines hohen Bruttoinlandproduktes, um somit ein hohes Steueraufkommen zu garantieren.[28]

Aus betriebswirtschaftlicher Sicht misst sich der Unternehmenserfolg vor allem am Gewinn, der erwirtschaftet wurde. Weitere wichtige Kennzahlen, die zur Erfolgsmessung dienen sind der Umsatz, die Eigenkapitalrendite, die Mitarbeiteranzahl, die Profitabilität und der Marktanteil, sowie beispielsweise bestimmte Patente und Lizenzen, die ein Unternehmen vorweisen kann.[29]

Für den Gründer persönlich sind es unter anderem Aspekte, wie ein hohes Einkommen, welches für die Erfolgsmessung von Relevanz sind.[30]

Viel wichtiger scheinen jedoch die nichtökonomischen Aspekte, wie die Umsetzung seiner Fähigkeiten und Ideen zu sein.[31]

Studien zeigen, dass für Entrepreneure grundsätzlich im Fokus steht, ihre persönlichen Ziele und Erwartungen zu erreichen.[32]

Da die persönlichen Ziele und die Beweggründe ein Unternehmen zu gründen bei jedem Entrepreneur unterschiedlich sind, hat dies Auswirkungen auf den Aufbau des Unternehmens und dementsprechend auch auf den Erfolg.[33]

Deutlich hervorzuheben sind die Kennzahlen zur Umsatzentwicklung, sowie zur Entwicklung der Anzahl an Beschäftigten. Beide Faktoren konnten durch empirische Forschung als die wichtigsten Aspekte für die Erfolgsmessung verdeutlicht werden.[34]

Das Mitarbeiterwachstum hat zwar keinen direkten Einfluss auf den wirtschaftlichen Erfolg eines Unternehmens, jedoch kann davon ausgegangen werden, dass es

---

[27] Johansson, Dan (2005), S. 487ff.
[28] ebenda, S. 487ff.
[29] Jacobsen, Liv Kirsten (2006), S. 37
[30] Hisrich, Robert D. / Peters, Michael P. (1989), S. 10
[31] Solymossy, Emeric (2000), S. 79
[32] Minniti, Maria / Bygrave, William (1999), S. 41ff.
[33] Gimeno, Javier u.a. (1997)
[34] Brüderl, Josef / Preisendörfer, Peter / Ziegler, Rolf (2009)

lediglich zu Neueinstellungen kommt, wenn das Unternehmen positive Prognosen hinsichtlich des Umsatzes treffen kann.[35]

Ein weiterer Punkt, der bei der Bestimmung des Erfolgs von Bedeutung ist, stellt die nachhaltige Wettbewerbsfähigkeit dar. Darunter zu verstehen ist die Fähigkeit sich gegenüber anderen Wettbewerbern auf dem Markt zu behaupten und sich gegenüber Bedrohungen aus dem Marktumfeld durchzusetzen.[36]

Problematisch bei der Erfolgsmessung sind die Faktoren Gewinn und die zeitliche Differenzierung.

Grund dafür ist, dass sich der Gewinn je nach Rechtsform unterschiedlich berechnet. Des Weiteren sollte berücksichtigt werden, dass ein Entrepreneur sogar die Vermeidung eines Gewinns anstrebt, um so ein hohes Steueraufkommen zu vermeiden.[37]

Grundsätzlich ist festzuhalten, dass es sich beim Gründungserfolg um das Ergebnis einer Entwicklung handelt.[38]

Die Mehrheit an empirischen Untersuchungen zur Bestimmung des Erfolgs zeigten als Resultat die Wichtigkeit der beiden Faktoren Umsatz und Beschäftigungswachstum und haben den Erfolg an diesen Aspekten ausgemacht.

---

[35] Jacobsen, Liv Kirsten (2006), S. 40
[36] Freiling, Jörg (2006), S. 180f.
[37] Jacobsen, Liv Kirsten (2006), S. 40
[38] Schulte, Reinhard (2004), S. 203

3 Eigenschaften eines Entrepreneurs

Die Entscheidung zur Gründung eines Unternehmens entsteht in der Regel nicht von heute auf morgen. Sie stellt grundsätzlich einen Prozess dar, der sich über einen längeren Zeitraum erschließt und durch verschiedene Faktoren wie die individuelle Veranlagung, Ausbildung oder berufliche Erfahrungen beeinflusst werden kann.

Daher kann die unternehmerische Fähigkeit in zwei Komponenten eingeteilt werden.[39]

Einerseits sind es die Qualifikationen einer Person und andererseits die Persönlichkeitsmerkmale. Durch die Kombination beider Komponenten entstehen die unternehmerischen Fähigkeiten eines Gründers.

Dabei zählen das Wissen und die Fertigkeiten, die eine Person erlernt zu den Qualifikationen, wohingegen die Risikoneigung beispielsweise zu den Persönlichkeitsmerkmalen zählt, welche bedeutsam für die Entwicklung von bestimmten Interessen einer Person sind. Die Interessen wiederum bestimmen wesentlich, was sich die Person für Qualifikationen aneignen möchte. [40]

Im folgenden Abschnitt erfolgt eine nähere Beschreibung der Persönlichkeitsmerkmale anhand des Big Five Modells und des Persönlichkeitsmodells nach McClelland (1987)[41], sowie zusätzlich eine Erläuterung der demographischen Einflussfaktoren und allgemeiner Einflussfaktoren, die die Relevanz der Ausbildung, berufliche Erfahrungen und betriebswirtschaftliche Kenntnisse eines Entrepreneurs beinhalten.

3.1 Persönlichkeitsmerkmale

Forschungen in Richtung der Persönlichkeitsmerkmale eines Gründers, die sog. „Traits"-Forschungen, existieren seit Mitte des 20. Jahrhunderts.

Bereits Joseph Schumpeter (1934) deutete darauf hin, dass beim Entrepreneurship besondere Qualifikationen notwendig sind und diese lediglich von wenigem Menschen vorgewiesen werden können.[42]

---

[39] Fritsch, Michael (2019), 52 ff.
[40] Fritsch, Michael (2019), 52 ff.
[41] McClelland, David C. (1987)
[42] Beugelsdijk, Sjoerd / Noorderhaven, Niels (2005), S. 160

An diese Theorie aufbauend wurde verstärkt versucht diese erfolgsversprechenden Charakterzüge und Persönlichkeitseigenschaften zu analysieren.

Dabei geht es häufig um die Fragen: Wer ist ein Entrepreneur? Was treibt sie dazu an? Welche Eigenschaften definieren sie?

Während die Persönlichkeitstheorie immer noch eine Fülle an Behauptungen vorweist, haben sich Forscher in den letzten Jahrzehnten in erster Linie mit dem Big-Five-Modell beschäftigt.

Dieses Modell gehört zu den Traits-Ansätzen und soll Aufschluss über bestimmte Charakterzüge eines Entrepreneurs geben.[43]

Mehrfach wurde in diesem Zusammenhang versucht, Entrepreneure von anderen Bevölkerungsgruppen deutlich abzugrenzen und ihnen gewisse Merkmale, Wesenszüge und Persönlichkeitseigenschaften zuzuweisen, die sie von Nicht-Entrepreneuren unterscheidet.[44]

Diese Charakterzüge gelten als unmittelbarer Einfluss auf das Gründungsverhalten und sind daher für diese Ausarbeitung von großer Bedeutung.

Im folgenden Abschnitt werden daher die aus der Forschung prägnantesten Persönlichkeitseigenschaften erfolgreicher Entrepreneure herausgearbeitet und beschrieben.

3.1.1 Big-Five-Modell

Das Modell ist ein mehrdimensionaler Ansatz zur Definition der Persönlichkeit, das seit den 1980er Jahren das vorherrschende Modell zur Darstellung der Persönlichkeitsmerkmale darstellt. Dem Modell stehen fünf Hauptdimensionen der Persönlichkeit 1. Offenheit für Erfahrungen, 2. Gewissenhaftigkeit, 3. Extraversion, 4. Emotionale Stabilität und 5. Kooperationsbereitschaft zugrunde, die nachfolgend genauer betrachtet werden[45]:

---

[43] Pekkala Kerr, Sari / Kerr, William / Xu, Tina (2017), 7 ff.
[44] Pekkala Kerr, Sari / Kerr, William / Xu, Tina (2017), 7 ff.
[45] ebenda, 7 ff.

Openness to experience - Offenheit für Erfahrungen

Diese Dimension beschreibt vor allem Eigenschaften, wie Neugier, Originalität und die Fantasie einer Person.[46]

Zusätzlich sind es Attribute wie Intelligenz und Aufgeschlossenheit, die ebenfalls unter den Aspekt Offenheit für Erfahrungen fallen und ausschlaggebend bei der Gründung und Aufrechterhaltung eines Unternehmens sind.[47]

Einige Autoren verweisen insbesondere auch auf den Kreativitätsaspekt. Neue innovative Geschäftsideen entstehen hauptsächlich aus den kreativen Überlegungen eines Entrepreneurs.[48] Ebenfalls ist eine kreative Herangehensweise bei der Gründung eines Unternehmens oft von Nöten. Entrepreneure müssen in der Lage sein, die noch oft sehr begrenzten Ressourcen richtig einzusetzen. Anzumerken ist jedoch, dass auch unkreative Ideen oder das Kopieren einer Idee zu finanziellem Erfolg führen können. Allerdings kann dabei davon ausgegangen werden, dass der Entrepreneur in bereits vorhandenen Geschäftskonzepten größeres Potential sieht und diese durch eigene Ideen und Gedanken positiv verbessern will. Das kann ebenfalls als eine kreative Vorgehensweise betrachtet werden.[49]

Häufig ist es von Notwendigkeit, dass der Gründer auf Marktveränderungen reagieren muss. Dies erfordert eine gewisse Neugier, um neues Wissen und innovatives Denken zu erlangen, um so neue Strategien zu entwickeln.[50]

Ein signifikanter Zusammenhang der ersten Dimension des Big-Five-Modells mit dem Gründungserfolg ist jedoch nicht empirisch nachweisbar. Die Ausprägungen können allerdings nicht vollständig ausgeschlossen werden. So wird stark vermutet, dass eine gewisse Ausprägung an Offenheit, Kreativität und Neugier für den Unternehmenserfolg wichtig sind.[51]

Conscientiousness – Gewissenhaftigkeit

Unter diesem Merkmal sind Zuverlässigkeit, Sorgfalt und Verantwortung zu verstehen. Gewissenhaftigkeit äußert sich durch ein organisiertes, strukturiertes und vor allem ein vorausschauendes, leistungsorientiertes Handeln. Gewissenhafte

---

[46] Tegtmeier, Silke (2008), S. 56
[47] Bird, Barbara Jean (1989)
[48] Klandt, Heinz (2006)
[49] Jacobsen, Liv Kirsten (2006), S. 65f.
[50] Ciavarella, Mark A. u.a. (2004), S. 465ff.
[51] Jacobsen, Liv Kirsten (2006), S. 66

14

Personen besitzen ein hohes Maß an Selbstdisziplin und können sich ohne weiteres auf die Aufgaben konzentrieren, die zur ihrer Zielerreichung von Nöten sind.[52]

Der Aspekt der Gewissenhaftigkeit ist in der Persönlichkeitsforschung umstritten. Laut einigen Forschern stellt dieser Aspekt die Verlässlichkeit, also vorsichtiges, gründliches, verantwortungsbewusstes und organisiertes Handeln dar. Andere Autoren betonten zusätzlich freiwillige Variablen wie Fleiß, Beharrlichkeit und Leistungsorientierung zu berücksichtigen. Gewissenhaftigkeit stellt einen wichtigen Erfolgsfaktor im Hinblick auf die Unternehmensgründung dar.[53]

Extraversion – Extraversion (Geselligkeit)

Einige Autoren bezeichnen diesen Punkt auch als Sociability. Damit ist die Geselligkeit einer Person, das Mitteilungsbedürfnis und die soziale Interaktionsfähigkeit gemeint, die ebenfalls als ein Erfolgsfaktor bei Entrepreneuren in Bezug auf die Führungsqualitäten eines Unternehmens eingestuft werden. Zusätzlich werden Führungspositionen eher von extravertierten Menschen übernommen.[54] Charakterisiert wird dieser Aspekt beispielsweise auch durch den persönlichen Enthusiasmus eines Gründers, den Aufbau von Netzwerken und Geschäftsbeziehungen, sowie die Aushandlung von Vereinbaren mit Kunden und Lieferanten.[55]

Soziale Fähigkeiten sind ein zwingendes Kriterium, die zum Unternehmenserfolg eines Entrepreneurs beitragen können. Die richtige Kommunikation mit Mitarbeitern ist von großer Wichtigkeit, um sie an sich zu binden, sie zu lenken und ein vertrauensvolles Arbeitsklima zu schaffen.[56]

Meta-Analysen zeigen, dass Extraversion einen positiven Einfluss auf die Job-Performance hat.[57]

Die Extraversion wird in vielen Studien als wichtiges Merkmal von Entrepreneuren beschrieben. Oft wird dem Aspekt der sozialen Fähigkeit sogar größere Aufmerksamkeit gewidmet und als bedeutender eingestuft als das technische Wissen eines Gründers.[58]

---

[52] Simon, Walter (2006), S. 121f.
[53] Tegtmeier, Silke (2008), S. 56
[54] Judge, Timothy A. u.a. (1999)
[55] Zhao, Hao / Seibert, Scott E. / Lumpkin, G. T. (2010), S. 381
[56] Wirth (2001) zitiert nach Jacobsen, Liv Kirsten (2006), S. 64
[57] Barrick, Murray R. / Mount, Michael K. / Judge, Timothy A. (2001)
[58] Jacobsen, Liv Kirsten (2006), S. 64f.

Untersuchungen zeigten, dass Entrepreneure mit einer hohen Extraversion oft einen größeren finanziellen Erfolg erzielen. Dies kann unter anderem damit begründet werden, dass motivierte Mitarbeiter auch entsprechend bessere Leistungen vollbringen.[59]

Auch Leutner et al. (2014) beschreiben in ihrer META-Analyse den positiven Zusammenhang zwischen der Extraversion eines Menschen und dem Erfolg des Unternehmens.[60]

Es wird davon ausgegangen, dass die sozialen Fähigkeiten eines Entrepreneurs positiven Einfluss auf den Erfolg haben.[61]

Eng im Zusammenhang mit Extraversion steht die emotionale Stabilität, die im nachfolgenden Punkt beschrieben wird.

Emotional Stability/Adjustment – Emotionale Stabilität

Diese Eigenschaft ist vorzugsweise bei Menschen mit einem hohen Selbstbewusstsein vorzufinden. Gerade bei Tätigkeiten, die ein gewisses Maß an Stress mit sich bringen, sind Personen mit einer emotionalen Stabilität eher belastbar und können spezielle Situationen, aufgrund ihres positiven Denkens besser bewältigen.[62]

Personen mit geringer emotionaler Stabilität sind anfällig für Stress. Emotionale Schwankungen und Sorgen können ihr unternehmerisches Handeln negativ beeinflussen.

In der Literatur werden Entrepreneure grundsätzlich als robust, optimistisch und beständig gegenüber sozialem Druck und Stress beschrieben. Sie nehmen physische und emotionale Belastungen in Kauf und lassen sich im Vergleich zu anderen Personen nicht leicht entmutigen.

Daher muss ein Gründer über ein hohes Maß an emotionaler Stabilität verfügen und persönliche Verantwortung für den Erfolg oder Misserfolg seines Unternehmens übernehmen. Der Punkt Extraversion ist daher als Erfolgsfaktor einzustufen.[63]

---

[59] ebenda, 64 f.
[60] Leutner, Franziska u.a. (2014), S. 62
[61] Jacobsen, Liv Kirsten (2006), S. 65
[62] Tegtmeier, Silke (2008), S. 56
[63] Zhao, Hao / Seibert, Scott E. / Lumpkin, G. T. (2010)

Agreeableness – Kooperationsbereitschaft

Darunter zu verstehen sind Eigenschaften wie Freundlichkeit, Kooperationsfähigkeit, Toleranz, Flexibilität und vertrauensvolles Verhalten. Über die Kooperationsbereitschaft herrschen in der Literatur Meinungsverschiedenheiten.[64]

Oft wird der Punkt sogar als eher kontraproduktiv eingeordnet, da die Kooperationsbereitschaft in keiner Verbindung zum beruflichen Aspekt steht. In Bezug auf den Gründungserfolg kann der Aspekt im geringen Maße förderlich sein, sich bei zu starker Ausprägung jedoch nachteilig auswirken.[65]

Weiter wird die Ansicht vertreten, dass Menschen, die eine hohe Ausprägung dieses Merkmals besitzen, eher im sozialen Bereich tätig werden, wo sie zum Wohle anderer handeln und nicht zum Wohle der Wirtschaft.[66]

Dieses eher selbstbezogene und altruistisches Verhalten lassen den Entrepreneur tendenziell eher als eine nicht angenehme Person wirken.

Schlussfolgernd werden erfolgreiche Entrepreneure häufig als weniger sympathische Menschen bezeichnet.[67]

Jedoch wurde durch andere Forscher das Gegenteil behauptet. Sie vertreten die Auffassung, dass ein hohes Maß an Kooperationsbereitschaft vorhanden sein muss, um die erforderliche Unterstützung zu erhalten, die beim Aufbau eines neuen Unternehmens von Notwendigkeit ist.

Auch können Gründer von der Schaffung vertrauensvoller Beziehungen zu ihren Kunden und dem daraus häufig resultierenden Gewinn des Wiederholungsgeschäfts profitieren.[68]

Hinzukommend sind vertrauensvolle Geschäftsbeziehungen von Wichtigkeit, um beispielsweise Allianzen mit größeren Unternehmen zu führen, was wiederum bei der Entwicklung neuer Produkte hilft und positiv zum Überleben eines Unternehmens beiträgt.[69]

---

[64] Tegtmeier, Silke (2008), S. 56
[65] Tegtmeier, Silke (2008), S. 56
[66] Singh, Gangaram / DeNoble, Alex (2003)
[67] Zhao, Hao / Seibert, Scott E. / Lumpkin, G. T. (2010)
[68] Ciavarella, Mark A. u.a. (2004)
[69] John, Oliver P. / Naumann, Laura P. / Soto, Christopher J., S. 138

Kritisch anzumerken ist, dass das Big-Five-Modell jedoch kein nachvollziehbares Portrait eines Gründers darstellt. Daher haben sich Forscher auf die Schaffung eines mehrdimensionales Persönlichkeitsmodell konzentriert.

McCelland (1961) brachte erstmalig unternehmerisches Verhalten mit den Persönlichkeitsmerkmalen eines Menschen in Verbindung und gilt als Begründer der motivationalen Gründerforschung.

Dabei hat er fünf besonders wesentliche Merkmale herausgearbeitet: 1. Leistungsbedürfnis (need for achievement), 2. Kontrollüberzeugung (locus of control), 3. Risikobereitschaft (risk-taking propensity), 4. Selbstwirksamkeit (self-efficacy) und 5. Unabhängigkeitsstreben (need for autonomy).[70]

Weitere in der Literatur häufig auffindbare Charakterzüge werden im späteren Verlauf dieser Arbeit angesprochen. Der Fokus jedoch soll auf die fünf, nach McCelland (1987) bedeutendsten Persönlichkeitseigenschaften von Entrepreneuren liegen, wobei *need for achievement, locus of control* und *risk-taking-propensity* eine hervorgehobene Bedeutung haben, da sie von nahezu allen Forschern als am relevantesten eingestuft wurden und in der Literatur eine gute Validität aufweisen.[71] Das Persönlichkeitsmodell nach McCelland (1987) beinhaltet folgende Faktoren:

3.1.2 Need for achievement – Leistungsbedürfnis

Das Leistungsbedürfnis bezieht sich auf den Wunsch eines jeden Einzelnen nach einer wahrnehmbaren Leistung, das Können bestimmter Fähigkeiten und das Erreichen herausfordernder Ziele.

Dabei steht der finanzielle Erfolg für viele Entrepreneure nicht unmittelbar an erster Stelle, sondern sie betrachten diesen eher als Anerkennung ihrer vollbrachten Leistung.[72]

Durch McClelland (1985) wurde „Need for achievement" erstmalig mit Entrepreneurship in Verbindung gebracht und soll das Streben nach Effizienz verdeutlichen.[73] Maximaler Nutzen soll durch minimalen Einsatz erzielt werden. Dieses Verhalten wird meist von sehr stark leistungsorientierten Menschen angestrebt, die oft auch nach einer persönlichen Leistung suchen und ihre eigene Leistung stetig

---

[70] Vecchio (2003), S. 307, zitiert nach Wagner, Kerstin / Ziltener, Andreas (2007), S. 194

[71] Wagner, Kerstin / Ziltener, Andreas (2007), S. 193

[72] Jacobsen, Liv Kirsten (2006), S. 57

[73] Tegtmeier, Silke (2008), 62 f.

verbessern zu versuchen. Auch tendieren sie dazu bestimmte Aufgaben und dessen Ergebnis nicht dem Zufall zu überlassen zum Beispiel durch Übertragung der Aufgabe an eine andere Person.[74]

Diese Art von Leistungsorientierung trifft stark auf das Profil eines Entrepreneurs zu. Besitzt eine Person ein hohes Leistungsbedürfnis, so wird eher der Schritt in die Selbstständigkeit gewagt.

Dies wies McClelland anhand einer Langzeitstudie nach, bei der die Wechselbeziehung des Grades des Leistungsbedürfnisses und die Berufswahl von Hochschulabsolventen ermittelt wurde.[75]

Ebenfalls wurde ein weiterer Zusammenhang durch Klandt zwischen dem Leistungsbedürfnis und der Unternehmensperformance festgestellt.[76]

Weiterhin ist es nicht verwunderlich das Leistungsbedürfnis als einen Erfolgsfaktor einzustufen, da bei jedem Entrepreneur das Bedürfnis nach Erfolg für das eigen gegründete Unternehmen besteht.[77]

Kritisch zu betrachten ist im Zusammenhang mit dem Leistungsbedürfnis, dass Manager ebenfalls als deutlich leistungsorientierter als andere Bevölkerungsgruppen eingestuft werden und hierbei jedoch keine Gründungsaktivität gemessen wird. Zusätzlich gibt es zahlreiche Beispiele von erfolgreichen Entrepreneuren, bei denen das Leistungsmotiv nicht zutrifft.[78]

Dennoch kann zusammenfassend festgehalten werden, dass das Leistungsbedürfnis, trotz Theorien, die den Ansatz nicht bestätigen, als Erfolgsfaktor eingestuft wird. Grund dafür sind die mehrheitlichen positiven wissenschaftlichen Ergebnisse, die eine Korrelation des Faktors Leistungsbedürfnis und unternehmerischen Erfolg aufweisen.

---

[74] ebenda, S. 59
[75] ebenda, S. 60
[76] Rauch, Andreas / Frese, Michael (2007b)
[77] Tegtmeier, Silke (2008), 62 f.
[78] ebenda, 62 f.

3.1.3 Locus of control - Kontrollüberzeugung

Ein bedeutender Faktor in der Entrepreneurship Forschung stellt „Locus of Control" dar. Dieser Ansatz beruht auf Rotter (1966) und wird in der Literatur häufig als Kontrollüberzeugung, Machbarkeitsdenken oder interne Verhaltenskontrolle betitelt.[79]

Eine entscheidende Rolle spielt dabei die eigene Wahrnehmung. Eine Person mit hoch eingestufter Kontrollüberzeugung glaubt daran, dass ihre eigenen Entscheidungen ihr Leben kontrollieren, währenddessen Personen mit einer niedrig eingestuften Kontrollüberzeugung davon überzeugt sind, dass externe Faktoren, wie Zufälle, Schicksale und Umwelteinflüsse dafür verantwortlich sind und sie selbst keine Kontrolle über bestimmte Ereignisse haben.

Daher sind Personen mit einem hohen „Locus of Control" eher in der Position über das Ergebnis selbst zu bestimmen und werden häufiger als Entrepreneure tätig.[80]

Sie versuchen bewusst ihr Umfeld und die Gegebenheiten zu verbessern, ebenso wie ihre eigenen Fähigkeiten und Kenntnisse. Personen mit einer hohen Kontrollüberzeugung setzen sich intensiv mit ihren Niederlagen auseinander und sind widerstandsfähig gegenüber Meinungen von Dritten.[81]

Angesichts deutlicher Überschneidungen zwischen dem Merkmal der Kontrollüberzeugung und des Leistungsbedürfnisses ist zu vermuten, dass Menschen mit einer ausgeprägten Leistungsorientierung gleichzeitig eine hohe Kontrollüberzeugung aufweisen.[82]

Zahlreiche Forschungen deuten auf die Wichtigkeit der Kontrollüberzeugung hin und zeigen einen signifikanten Zusammenhang mit Unternehmensgründungen und Gründungserfolg. Daher wird die Kontrollüberzeugung als Erfolgsfaktor für den weiteren Verlauf dieser Arbeit bewertet.[83]

---

[79] Tegtmeier, Silke (2008), 62 f.
[80] Shane, Scott Andrew (2003), S. 266
[81] Tegtmeier, Silke (2008), S. 64
[82] ebenda, S. 64
[83] Rauch, Andreas / Frese, Michael (2007b)

3.1.4 Risk-taking-propensity – Risikobereitschaft

Der Aspekt der Risikobereitschaft betont, in welchem Maß eine Person bereit ist zukünftige Risiken einzugehen. Entrepreneure sind stetig gefordert risikoreiche Entscheidungen zu treffen. Dies kann beispielsweise die Einstellung von Personal darstellen, aber auch Lieferantenbeziehungen, Marketing oder Produktentscheidungen betreffen.[84]

Da mit der Gründung eines Unternehmens immer ein bestimmtes Risiko vorhanden ist, wird davon ausgegangen, dass Entrepreneure im Vergleich zu anderen Personen grundsätzlich eine erhöhte Risikobereitschaft vorweisen.[85]

Auch Hall und Woodward (2010) stimmen zu, dass Entrepreneure eine höhere Risikotoleranz besitzen.[86]

Während allerdings bei den zuvor genannten Eigenschaften eine hohe Ausprägung von Vorteil scheint, wird bei diesem Aspekt in den meisten wissenschaftlichen Studien von einer mittleren Ausprägung gesprochen, die am optimalsten scheint.[87] Demnach kann eine ausgeprägte Risikovermeidung ein Hemmnis bei der Unternehmensgründung darstellen, eine zu übertriebene Risikobereitschaft sich wiederum als schädlich herausstellen.[88] Insgesamt kann festgehalten werden, dass die Risikobereitschaft nur zum Teil mit dem Unternehmenserfolg korreliert.

McClelland kombiniert die Theorie der Risikobereitschaft mit dem Leistungsbedürfnis und der Kontrollüberzeugung. Personen mit einem hohen Leistungsbedürfnis präferieren Risiken, die kalkulierbar sind und weisen damit eine mittlere Risikobereitschaft auf.[89] Eine hohe Kontrollüberzeugung wirkt sich in Bezug auf das Risiko in der Wahrnehmung aus. Vergleichsweise hohe Risiken werden vom Gründer eher als niedriges Risiko wahrgenommen.[90]

In bestimmten Situationen sehen sie häufig eine Chance, die sie ergreifen möchten, wohingegen andere Personen in dieser Situation nur wenig Potenzial sehen.[91]

---

[84] Wagner, Kerstin / Ziltener, Andreas (2007), S. 197
[85] Tegtmeier, Silke (2008), S. 68
[86] Pekkala Kerr, Sari / Kerr, William / Xu, Tina (2017), S. 26
[87] Kirby (2003); Müller (1999) zitiert nach Wagner, Kerstin / Ziltener, Andreas (2007), S. 194f.
[88] Kirby (2003) zitiert nach ebenda, S. 194
[89] Tegtmeier, Silke (2008), S. 69
[90] Hammermeister, Beate R. (2006), S. 182
[91] Fueglistaller, Urs u.a. (2016), S. 75

3.1.5 Self-efficacy – Selbstwirksamkeit

„Self-efficacy" beschreibt die Selbstüberzeugung einer Person und den Glauben daran, dass er bestimmte Aufgaben problemlos erfüllen kann.[92]

Eine Person mit hoher Selbstwirksamkeit besitzt in der Regel eine hohe Selbstinitiative und hat einen stärkeren Drang zur Beschaffung von Informationen. Dies wiederum ergibt ein größeres Wissen, das sich positiv auf den Erfolg ausüben kann. Das Bedürfnis etwas tun zu wollen reicht allein nicht aus. Der feste Glaube an sich selbst und daran etwas ändern zu können sind von Nöten und zeichnen einen Gründer aus.[93]

Menschen mit einem großen Selbstbewusstsein treten auch bestimmten Aufgaben anders gegenüber und werden sich über längere Sicht deutlich mehr anstrengen und sich von Rückschlägen nicht so leicht aus dem Konzept bringen lassen.[94]

Forschungen ergaben, dass Entrepreneure meist ein höheres Selbstbewusstsein vorweisen können und sich in diesem Zusammenhang bei subjektiven Umfragen durchweg höher bewerten als Nicht-Gründer.[95]

Die eigene Selbstwirksamkeit hat deutlichen Einfluss auf das Wachstum eines Unternehmens und steht im engen Zusammenhang mit dem Erfolg und der Leidenschaft eines Entrepreneurs neue Ressourcen wachsen zu lassen.[96]

3.1.6 Need for autonomy – Unabhängigkeitsstreben

Der letzte Aspekt nach McClelland (1987) ist das Bedürfnis nach Unabhängigkeit oder auch der Wunsch nach Autonomie.

Häufig tritt dieser Aspekt im Zusammenhang mit der unternehmerischen Motivation auf und dem Wunsch nach Selbstbestimmung.[97]

---

[92] Cassar / Friedmann (2009) zitiert nach Pekkala Kerr, Sari/Kerr, William/Xu, Tina (2017), S. 13

[93] Carsrud, Alan L. / Brännback, Malin (2009), S. 26

[94] Shane, Scott Andrew (2003), S. 267

[95] Pekkala Kerr, Sari / Kerr, William / Xu, Tina (2017), S. 13

[96] Baum, J. Robert / Locke, Edwin A. (2004), S. 587ff.

[97] Harrell und Alpert (1979), S.264 zitiert nach Wagner, Kerstin / Ziltener, Andreas (2007), S. 195

Diese Annahme basiert grundsätzlich darauf, dass angenommen wird, dass die persönliche Entfaltung im Angestelltenverhältnis tendenziell eher unterdrückt wird.[98]

Personen mit einem ausgeprägten Unabhängigkeitsstreben haben das Bedürfnis ihre Zukunft selbst kontrollieren zu wollen, ihr „eigener Chef" zu sein.[99]

Zahlreiche Studien konnten einen starken Zusammenhang zwischen dem Unabhängigkeitsstreben und der Gründungsaktivität nachweisen. Inwiefern jedoch eine Relation zwischen diesem Aspekt und dem Gründungserfolg besteht, wurde bisher noch nicht ausreichend empirisch untersucht.[100]

3.1.7 Weitere Eigenschaften

Zusätzlich zu den Persönlichkeitsmerkmalen des Big-Five-Modells und den fünf Faktoren nach McClelland sind es zahlreiche weitere Charaktereigenschaften, die in der Literatur auftauchen. Gartner (1990) zählte in dem Zusammenhang neunzig Faktoren in seiner Delphi-Studie auf. Darunter zählen unter anderem Individualismus, Problemlösungsfähigkeit, Innovationsfähigkeit, Mut, Ambiguitätstoleranz, Selbstsicherheit, Intelligenz, Egoismus, Integrität, Ehrgeiz, Initiative, Durchhaltevermögen, Profitorientierung und zahlreiche weitere.[101]

Auch Locke (2000) kristallisierte vor allem die Persönlichkeitsmerkmale Beharrlichkeit, Unabhängigkeit, Selbstvertrauen, Leistungsorientierung und ein gewisses Maß an Egoismus durch seine Analyse von achtzig Lebenslaufmerkmalen erfolgreicher Entrepreneure heraus. Auffallend ist, dass sich viele der genannten Merkmale bedingen oder sich ähnlich sind.[102]

Sicherlich sind die genannten Eigenschaften bei einem Gründungsprozess von Vorteil. Allerdings sollten sie nicht als zwingendes Erfolgskriterium betrachtet werden. Aufgrund der in der Literatur nachgewiesenen hohen Validität der drei Faktoren Innovationsfähigkeit, Ambiguitätstoleranz und Durchhaltevermögen und dem zunehmenden wissenschaftlichen Interesse dieser Aspekte, werden sie im Zuge der Arbeit kurz erläutert.[103]

---

[98] Vecchio, Robert P. (2003), S. 308
[99] Bird, Barbara Jean (1989), S. 70ff.
[100] Jacobsen, Liv Kirsten (2006), S. 61
[101] ebenda, S. 65
[102] Hell, Benedikt / Gatzka, Thomas (2018), S. 1
[103] z.B. Klandt, Heinz (1984); Grichnik, Dietmar (2006)

Innovativeness – Innovationsfähigkeit

Die Innovationskraft weist darauf hin, in welchem Maße ein Individuum auf neue Gegebenheiten reagiert.

Innovation kann auch die Neueinführung von Produkten sein, sowie die Nutzung neuer Produktionsverfahren oder das Entdecken neuer Absatzmärkte.[104]

Entrepreneure besitzen eine hohe Innovationsfähigkeit und sind in der Lage neue Lösungen und Produkte zu kreieren.[105]

Schumpeter wies dem Innovationsfaktor große Bedeutung zu, da der Erfindergeist einen Entrepreneur von anderen Menschen differenziert.[106]

Dabei bedeutet Innovation nicht zwangsläufig neue Produkte zu erfinden, sondern vielmehr Kundenwünsche und Bedürfnisse zu erkennen und Bestehendes zu verbessern. Es besteht ein positiver Zusammenhang zwischen der Innovationsfähigkeit und dem Erfolg eines Gründers.[107]

Tolerance of Ambiguilty – Ambiguitätstoleranz

Die Ambiguitätstoleranz beschreibt, inwiefern der Entrepreneur bereit ist zu handeln, auch wenn das Ergebnis unsicher ist.

Daher wird der Begriff im deutschsprachigen Raum oft auch als Ungewissheitstoleranz beschrieben.[108] Da Entrepreneure täglich mit ungewissen Situationen konfrontiert werden, kann ihnen eine hohe Ambiguitätstoleranz zugewiesen werden.[109]

Dies beinhaltet auch den Umgang mit mehrdeutigen Situationen. Personen, die mit dieser Eigenschaft geprägt sind, treffen schnell eine Entscheidung, wenn sie mit ungewissen Informationen konfrontiert werden.

Die Mehrheit der empirischen Ergebnisse deutet auf einen signifikanten Zusammenhang zwischen der Ambiguitätstoleranz und Unternehmenserfolg hin.[110]

---

[104] Fritsch, Michael (2019), S. 7
[105] Rauch, Andreas / Frese, Michael (2007a)
[106] Grichnik, Dietmar (2006), S. 1313
[107] Rauch, Andreas / Frese, Michael (2007a)
[108] Shane, Scott Andrew (2003), S. 265
[109] Shane, Scott Andrew (2003), S. 265
[110] Fallgatter (2002), S. 122f.

Perseverance – Durchhaltevermögen

„I'm convinced that about half of what separates successful entrepreneurs from the non-successful ones is pure perseverance."[111]

Genau wie Steve Jobs, dem Gründer von Apple, sind viele erfolgreiche Entrepreneure der Auffassung, dass das Durchhaltevermögen ein Schlüsselfaktor für unternehmerischen Erfolg darstellt.

Gerade zu Beginn einer Gründung sind Rückschläge oft nicht vermeidbar und erfordern eine hohe Stressresistenz beim Unternehmensgründer.[112]

Empirische Studien zeigen, dass Entrepreneure eine spezielle Art mit dem Umgang von Problemen besitzen. Sie beziehen diese auf sich selbst, indem sie beispielsweise keine ausreichende Analyse und zu starkes Vertrauen zu einer anderen Person als Begründung für das negative Ereignis sehen. Dies entspricht dem Ansatz des Locus of Control (Kapitel 0).[113]

Da diese Probleme aus Sicht des Entrepreneurs korrigiert werden können, wird ihnen ein starkes Durchhaltevermögen unterstellt.[114]

Im Rahmen dieser Arbeit wird der Aspekt des Durchhaltevermögens als positiver Einfluss auf den Erfolg eines Gründers gewertet.

Zusammenfassend lässt sich sagen, dass die in den letzten dreißig Jahren veröffentlichten Forschungsergebnisse zeigen, dass ein sichtbarer Einfluss von Persönlichkeitsmerkmalen auf den Unternehmenserfolg besteht.

Das Big-Five-Modell zeigt, dass Entrepreneure in Bezug auf die Offenheit für Erfahrung, Gewissenhaftigkeit, Extraversion und emotionale Stabilität eine höhere Akzeptanz vorweisen als nichtunternehmerische Gruppen.[115]

Die stärkste Komponente und von den Wissenschaftlern als bedeutsamste eingestuft, ist das Leistungsbedürfnis. Das Streben einer Person nach außerordentlicher Leistung oder das Vermögen sich gegenüber der Konkurrenz erfolgreich durchzusetzen, ist ein Schlüsselpunkt erfolgreicher Entrepreneure.

---

[111] Napier, H. Albert / Rivers, Ollie N. / Wagner, Stuart W. (2006), S. 38

[112] Jacobsen, Liv Kirsten (2006), S. 62

[113] Bellu, Renato R. / Davidsson, Per / Goldfarb, Connie (1990)

[114] Göbel (1998) zitiert nach Jacobsen, Liv Kirsten (2006), S. 62

[115] Zhao, Hao / Seibert, Scott E. / Lumpkin, G. T. (2010)

Zusätzlich ist die Überzeugung effektiver Gründer von sich selbst und auf ihre Taten deutlich hervorzuheben. Sie sind der festen Überzeugung, dass Ereignisse nur durch ihre eigenen Handlungen hervorgerufen werden.[116]

3.1.8 Kritische Betrachtung der Persönlichkeitsmerkmale

Es kann festgehalten werden, dass die Charakterzüge einer Person im Prozess der Gründung eines Unternehmens eine wesentliche Rolle spielen und gewisse Merkmale zum Erfolg beitragen können. Jedoch muss eine ausschließliche Betrachtung der Persönlichkeitsmerkmale kritisch beurteilt werden. Es kann keine eindeutige Aussage bezüglich einer optimalen Unternehmerpersönlichkeit getroffen werden, bei der ein Erfolg garantiert wird.

Ein weiterer Kritikpunkt ist der Zusammenhang der vorhandenen Merkmale und inwiefern die Charakterzüge tatsächlich Einfluss auf die unternehmerische Tätigkeit haben.

Die Forschungsergebnisse und Untersuchungen beziehen sich auf bereits geschehenen Taten, also auf die Betrachtung der Persönlichkeitsmerkmale nachdem eine Gründung bereits vollzogen wurde. Dies würde allerdings voraussetzen, dass die Anzahl an Einflüssen, die der Gründer während des Gründungsprozesses erlebt, keine Auswirkungen haben.[117]

Diese Auffassung ist grundsätzlich nicht tragbar, daher ist es von Nöten eine Betrachtung der Unternehmerpersönlichkeit vor einer Unternehmensgründung vorzunehmen, um Plausibilität zu schaffen.[118]

Auch werden bei den Forschungsansätzen zur Bestimmung der erfolgsrelevanten Persönlichkeitsmerkmale umgebungsspezifische Faktoren und situationsbedingte Komponenten zu sehr außer Acht gelassen.[119] Jedoch haben Reize und Signale ebenfalls Einfluss auf das unternehmerische Verhalten.[120]

Die Persönlichkeitsforschung im Bereich des Entrepreneurship bleibt umstritten. Die aktuellen Theorien in diesem Themenkomplex bieten keine ausreichende Erklärung dafür, warum der unternehmerische Erfolg bei einigen Gründern eintritt

---

[116] Fueglistaller, Urs u.a. (2016), S. 74

[117] Wagner, Kerstin / Ziltener, Andreas (2007)

[118] Wagner, Kerstin / Ziltener, Andreas (2007), S. 195f.

[119] Davidsson (1995) zitiert nach Wagner, Kerstin / Ziltener, Andreas (2007), S. 196

[120] Shane, Scott / Venkataraman, S. (2001)

und bei anderen wiederum nicht. Zeitweise wurde der Personality-Trait-Ansatz sogar deutlich angezweifelt. Gartner (1988) plädierte dazu, diesen sogar aufzugeben und sich stärker mit dem „Tun" des Entrepreneurs zu beschäftigen.

Auch Hisrich et al. (2007) beanstandet die Nützlichkeit dieses Ansatzes. In den letzten Jahren hat der Ansatz wieder an Beliebtheit gewonnen und die zeitweise Abneigung gegen den „Personality Traits-Ansatz" wurde in der Wissenschaft hinter sich gelassen und findet nunmehr wieder starke Akzeptanz im wissenschaftlichen Sektor.[121]

3.2 Demographische Merkmale

Ein weiterer relevanter Forschungsaspekt im Zusammenhang mit Gründungserfolg und hilfreich, um den Typus der Gründerperson zu verstehen, sind die demographischen Merkmale.[122]

Im Zuge dessen, können bestimmte demographische Faktoren in die Beurteilung zur Ermittlung der Erfolgsfaktoren einbezogen werden, um den Entrepreneur aus wirtschaftlicher und sozialer Perspektive zu beleuchten.[123]

Im Zuge dieser Arbeit werden die Faktoren Alter, Geschlecht, Nationalität und familiärer Hintergrund näher betrachtet, da sie am validesten durch empirische Theorien erforscht und belegt wurden.

Alter

Das Alter kann bei der Gründung eines Unternehmens eine bedeutende Rolle einnehmen. So kann in der Regel davon ausgegangen werden, dass eine Person über mehr Eigenkapital verfügt, umso älter sie ist, da sie mehr Zeit zur Verfügung hatte, Vermögen anzusammeln.[124]

In diesem Zusammenhang kann zusätzlich erwähnt werden, dass die sogenannten „sunk costs", also Kosten die beispielsweise für die Marktanalyse oder für die Erstellung eines Businessplans entstehen, geringer ausfallen, umso höher das Alter des Gründers ist.

---

121 Zhao, Hao / Seibert, Scott E. / Lumpkin, G. T. (2010), S. 382
122 Hammermeister, Beate R. (2006), S. 201
123 Tegtmeier, Silke (2008), S. 30
124 Tegtmeier, Silke (2008), S. 36

Zusätzlich zum finanziellen Aspekt sind es auch die Lebenserfahrung einer jeden Person, die beispielsweise das Selbstvertrauen positiv beeinflussen und auch die beruflichen Qualifikationen, die eine Person im Laufe seines Lebens sammelt und sich positiv auf die Gründung auswirken.[125]

Einige Studien haben ergeben, dass die Erfolgschancen größer sind, umso älter der Entrepreneur ist, wiederum konnten andere geringe Wachstumsraten des Unternehmens bei Gründerpersonen im höheren Alter feststellen und dementsprechend keinen Zusammenhang zwischen Alter und Erfolg erkennen.[126]

Im Zusammenhang mit dem steigenden Alter wurde eine abnehmende Motivation bei Gründern festgestellt, da ein Wechsel in die Selbstständigkeit mit entsprechenden Risiken verbunden ist.[127]

Wissenschaftliche Untersuchungen in Bezug auf das Lebensalter haben ergeben, dass sich Gründer in einer Altersspanne zwischen 22 und 45 Jahren befinden, wobei die meisten Entrepreneure mit Mitte 30 gründen.[128]

Aktuelle Daten des KfW-Gründungsmonitor 2019 stufen die Gründer nach Altersklassen ein. Die höchste Gründungsaktivität liegt gleichbleibend in den Jahren 2016, 2017 und 2018 zwischen 25 Jahren bis 34 Jahren.[129]

Daraus lässt sich schließen, dass Gründer sich am häufigsten für eine Selbstständigkeit entscheiden, wenn sie sich im mittleren Alter befinden.

Infolge der unklaren und teilweise sehr unterschiedlichen Ergebnisse wird das Alter nicht als Erfolgsfaktor berücksichtigt.[130]

Geschlecht

Geschlechterspezifische Aspekte ergeben, dass Entrepreneure mit einem Anteil von rund 61% häufiger Männer sind.[131] Der Grund, weshalb nur 39% weibliche Entrepreneure sind, kann auf den immer noch viel stärker vertretenden Verantwortungsbereich im Hinblick auf Familie und Kinder liegen, aber auch den

---

[125] ebenda, 36 f.
[126] Klandt, Heinz (1984), S. 352ff.
[127] Tegtmeier, Silke (2008), 36 f.
[128] Hisrich, Robert D. / Peters, Michael P. (1998)
[129] Metzger, Georg (2019). KfW-Gründungsmonitor.
[130] Jacobsen, Liv Kirsten (2006), S. 43
[131] Metzger, Georg (2019)

teilweise noch dominierenden Gesellschaftsstrukturen und Ansichten im Geschäftsleben und dahingegen nicht ausreichende Förderung.[132]

Zusätzlich ergaben einige Untersuchungen, dass Unternehmen, die von Frauen gegründet wurden, verhältnismäßig klein gegenüber denen von Männern gegründeten Unternehmen blieben. Dafür stellte sich aber eine längere Lebensdauer der von Frauen gegründeten Unternehmen fest. Dies kann unter dem Aspekt begründet werden, dass Frauen ihre persönlichen Ziele häufig anders formulieren und der finanzielle Erfolgsaspekt verhältnismäßig nicht so stark im Fokus steht. Auch die Risikofreudigkeit ist bei Männern häufig ausgeprägter.

In diesem Zusammenhang ist noch erwähnenswert, dass Frauen sich in Bezug auf die Risikobereitschaft weniger zutrauen und vor allem wird ihnen von anderen weniger zugetraut, ein erfolgreiches Unternehmen zu gründen. Hierbei spielen Skepsis der Gesellschaft und teilweise auch Ausgrenzung von bestimmten Netzwerken eine bedeutende Rolle.[133] Dies kann wiederum zu Gründungsschwierigkeiten bei der Finanzierung des Unternehmens führen.[134]

Insgesamt ist es schwierig eine deutliche Aussage über den Erfolg eines von einer Frau gegründeten Unternehmens zu treffen, da ein großer Teil der Entrepreneurship Forschung die weiblichen Gründerinnen in ihren wissenschaftlichen Untersuchungen nicht berücksichtigt haben.[135]

Bezüglich des Einflusses auf den Erfolg kann in diesem Zusammenhang nur vermutet werden, dass ein männlicher Entrepreneur größere Erfolgschancen hat. Dies ist jedoch in der aktuellen Literatur umstritten und kann damit nicht als Erfolgsfaktor beurteilt werden.

Nationalität

Nach Auswertung der Studie des KfW-Gründungsmonitors 2019 stellt sich heraus, dass 77,2 % der Gründungen im Jahr 2018 und 78,8 % der Gründungen im Jahr 2017 in Deutschland von deutschen Staatsbürgern, die schon immer eine deutsche Staatsangehörigkeit hatten, durchgeführt wurden.[136]

---

[132] Jacobsen, Liv Kirsten (2006), S. 52
[133] Hisrich / Brush (1987) zitiert nach Jacobsen, Liv Kirsten (2006), S. 52f.
[134] Carter / Rosa (1998) zitiert nach Jacobsen, Liv Kirsten (2006), S.52f.
[135] Tegtmeier, Silke (2008), 38 f.
[136] Metzger, Georg (2019). KfW-Gründungsmonitor.

Köllinger und Schade (2005) haben im Rahmen des Global Entrepreneurship Monitors (GEM) eine Studie durchgeführt, die verdeutlichte, dass deutsche Entrepreneure im Vergleich zu amerikanischen Entrepreneuren ihre eigenen Fähigkeiten deutlich pessimistischer einschätzen. Auch in Bezug auf die Angst zu scheitern stimmten die deutschen Befragten im Vergleich zum Durchschnitt der anderen Länder wesentlich häufiger zu. Dies gibt jedoch grundsätzlich eher Auskunft über die Gründungsneigung.[137]

Welche Relevanz die Nationalität im Zusammenhang mit dem Erfolg hat, konnte für Deutschland bisher noch nicht festgestellt werden.

In den USA hingegen wurden Analysen durchgeführt, die ergaben, dass von Ausländern gegründete Unternehmen tendenziell Umsatzschwächer sind und eine deutlich geringere Lebensdauer des Unternehmens vorwiesen.[138]

Aufgrund der in diesem Bereich jedoch noch sehr undeutlichen Ergebnisse kann der Aspekt der Nationalität nicht als Erfolgsfaktor gewertet werden.

Familie

Der familiäre Hintergrund ist von größter Bedeutung bei der Betrachtung der demographischen Faktoren. Dabei haben wissenschaftliche Untersuchungen ergeben, dass insbesondere Kinder, die von ihren Eltern in ihren Wünschen und Fähigkeiten unterstützt werden und bei denen Unabhängigkeit, Leistungsbereitschaft, sowie Verantwortung eine tragende Rolle in der Erziehung gespielt haben, die Entscheidung zur Selbstständigkeit deutlich leichter fällt.[139]

Ein weiterer Aspekt ist, dass die Selbstständigkeit der Eltern eine positive Wirkung auf die Gründungsentscheidung der Kinder hat. Dies ist unter anderem mit der Vorbildfunktion bei der Berufswahl zu begründen. Zusätzlich ist zu vermuten, dass in Familien, bei denen mindestens ein Elternteil selbstständig ist, eher bestimmte Werte vermittelt werden, die für den Schritt zur Selbstständigkeit essenziel sind.[140]

Zahlreiche Studien stellen zwar einen positiven Zusammenhang zwischen der Selbstständigkeit der Eltern und der Gründungsentscheidung des Entrepreneurs

---

[137] GEM Studie zitiert nach Block, Jörn u.a. (2009), S. 22
[138] Sexton & Robinson (1989) zitiert nach Jacobsen, Liv Kirsten (2006), S. 51f.
[139] Jacobsen, Liv Kirsten (2006), S. 49
[140] Hisrich, Robert D. / Peters, Michael P. (1998), S. 71

fest, jedoch konnte keine eindeutige Verknüpfung in Bezug auf Wachstum oder Erfolg des gegründeten Unternehmens beobachtet werden.[141]

Auch die eigene, durch den Entrepreneur gegründete Familie hat unmittelbaren Einfluss auf die unternehmerische Aktivität. Die Selbstständigkeit hat in der Regel große Auswirkungen auf das familiäre Leben, so spielen beispielsweise finanzielle Aspekte, Verzicht auf Urlaub etc. eine Rolle. Lässt sich das Privatleben nur schwierig mit der Gründung kombinieren, so kann dies den Unternehmenserfolg negativ beeinflussen.

Abschließend lässt sich feststellen, dass der familiäre Hintergrund starke Auswirkungen auf die Gründungsentscheidung haben kann. Der Einfluss in Bezug auf den Unternehmenserfolg kann nur vermutet werden.[142]

3.2.1 Kritische Betrachtung der demographischen Merkmale

Wie bereits im Zuge dieser Arbeit erwähnt, ist Entrepreneurship eine dynamische Funktion und kann somit nur schwer durch statische demographische Merkmale fassbar gemacht werden. Daher ist demographische Forschung im Bereich Entrepreneurship sehr kritisch zu betrachten.[143]

Sie stellen häufig eine Erklärung für die Gründungsentscheidung dar, können aber nur bedingt einen Hinweis auf den Erfolg einer Gründung geben.

Die Selbstständigkeit wird durch eine Reihe von äußeren Einflüssen durch das Umfeld beeinflusst und der Erfolg des Gründers durch weitaus mehr Aspekte beeinflusst. Die Schwachstelle dieses demographischen Ansatzes liegt somit in seiner rein statischen Betrachtung.[144]

3.3 Allgemeine Einflussfaktoren

Um eine Beurteilung bezüglich eines erfolgreichen Entrepreneurs treffen zu können, ist es notwendig zusätzlich zu den Persönlichkeitseigenschaften eines Gründers und den demographischen Merkmalen, eine Betrachtung des Humankapitals vorzunehmen.

---

[141] Jacobsen, Liv Kirsten (2006), S. 50
[142] ebenda, S. 49f.
[143] Jacobsen, Liv Kirsten (2006), S. 53f.
[144] Tegtmeier, Silke (2008), S. 43

Darunter zu verstehen, sind bestimmte Qualifikationen, Fähigkeiten und Kenntnisse, die sich ein Entrepreneur im Laufe der Zeit aktiv aneignet.

Gerade branchenspezifische Kenntnisse sind relevant, um das Marktpotenzial für ein bestimmtes Produkt oder einer Dienstleistung einschätzen zu können und ist ein wesentlicher Bestandteil für den Aufbau eines Unternehmens.[145]

Nach den empirischen Ergebnissen von Fritsch, Kritikos und Rusakova (2012) zeigt sich, dass sich die Tendenz zur Selbstständigkeit in Deutschland vergrößert, umso höher das Qualifikationsniveau einer Person ist.

Begründet werden kann dies einerseits durch die qualifiziertere Selbsteinschätzung bezüglich der eigenen Fähigkeiten und Kenntnisse und andererseits durch die verhältnismäßig besseren finanziellen Möglichkeiten, die sich beispielsweise durch eine vorige Arbeitnehmerbeschäftigung ergeben und bei höher qualifizierten Personen in der Regel mit einem entsprechend höherem Einkommen entlohnt werden. Durch das vorhandene finanzielle Kapital ist es somit leichter für den Gründer das Geschäftsvorhaben umzusetzen.[146]

Zusätzlich ist davon auszugehen, dass Personen mit einer hoher Humankapitalausstattung eher in der Lage sind ein erfolgreiches Unternehmen zu gründen, da sie durch den erhöhten Bildungsgrad leichteren Zugriff auf spezifische Informationen haben, sowie einer gründlicheren Planung vor der Gründung nachgehen.[147]

Weiter wird unterstellt, dass Menschen mit einem höheren Bildungsabschluss besser befähigt sind ihr gegründetes Unternehmen zu organisieren und zu leiten, sowie gegenüber Kunden, Lieferanten und Geschäftspartnern professioneller auftreten.[148] Im Vergleich zu den individuellen Persönlichkeitseigenschaften eines jeden Gründers ist das Humankapital beeinflussbar.[149]

Im folgenden Abschnitt soll daher geklärt werden, ob sich bestimmte Qualifikationen positiv auf eine Gründung und den nachfolgenden Erfolg auswirken. Dazu werden die Faktoren Ausbildung, Berufserfahrung und betriebswirtschaftliche Kenntnisse näher betrachtet.

---

[145] Wagner, Kerstin / Ziltener, Andreas (2007), S. 196
[146] Fritsch, Michael (2019), S. 53f.
[147] Wagner, Kerstin / Ziltener, Andreas (2007), S. 198
[148] ebenda, S. 198
[149] Jacobsen, Liv Kirsten (2006), S. 73

Ausbildung

Lange Zeit gab es die Auffassung, dass Entrepreneure einen verhältnismäßig geringen Ausbildungsstand aufweisen. Dies ist damit zu begründen, dass die Selbstständigkeit oft als letzte Möglichkeit für die Menschen galt, die es in andere Berufe nicht
geschafft hatten.

Diese Ansicht hat sich jedoch im Laufe der letzten Jahre verändert und wissenschaftliche Ergebnisse haben im Gegenteil dazu einen überdurchschnittlich hohen
Ausbildungsgrad bei Entrepreneuren festgestellt.[150]

Zusätzliche Studien haben einen Zusammenhang zwischen einem hohen Grad der
Ausbildung mit dem Erfolg eines Unternehmens feststellen können. Dies sollte jedoch kritisch betrachtet werden, da diese Feststellungen sehr stark branchenab-
hängig sein können. Auch stellt eine erfolgreich abgeschlossene schulische Ausbildung in keinem Fall eine Erfolgsgarantie dar.

Grundsätzlich kann allerdings festgehalten werden, dass die Ausbildung eines
Gründers tendenziell mit dem Erfolg zusammenhält.[151]

Zusätzlich sollte unter dem Punkt der Ausbildung kurz der Begriff „Entrepreneurship Education" erläutert werden. Grund dafür, ist die steigende Aufmerksamkeit
in den letzten Jahren. Unter dem Begriff wird die Gründerausbildung verstanden,
die hauptsächlich dafür dient, bestimmte Zielgruppen auf die spätere selbststän-
dige Tätigkeit vorzubereiten und gezielt spezielle Fähigkeiten und Kenntnisse versucht zu vermitteln.[152]

Während die Gründungsausbildung in den USA schon seit Mitte der 1940er Jahre
an Universitäten angeboten wird, existiert ein Angebot in dieser Form in Deutschland erst seit Ende der 1990er Jahre.

Ziel von Entrepreneurship Education ist es, durch spezielle Lehr- und Lernmetho-
den die zukünftigen Gründer auf die Selbstständigkeit vorzubereiten. Entrepreneurship Education kann in jedem Fall als Erfolgskriterium im Falle einer Unternehmensgründung gewertet werden.[153]

---

[150] Fritsch, Michael (1992)
[151] Jacobsen, Liv Kirsten (2006), S. 74ff.
[152] Uebelacker, Stefan (2005), S. 20
[153] Hammermeister, Beate R. (2006), S. 152

Berufserfahrung

Generell kann festgehalten werden, dass Unternehmen, die aus der Berufserfahrung des Entrepreneurs entstanden sind, ein offenbar größeres Wachstum erzielen. Oft entstehen die Ideen zur Gründung im Laufe des Arbeitslebens. Weitere wissenschaftliche Untersuchungen erwähnen zusätzlich zum Wachstumsaspekt einen positiven Effekt auf den Umsatz und damit auch auf den Erfolg des Unternehmens.[154]

Klandt unterscheidet die Berufserfahrung in zwei Kategorien. Zum einen handelt es sich dabei um die allgemeine Berufserfahrung, die im Laufe eines Lebens entsteht, aber keinen direkten Zusammenhang zur potenziellen Selbstständigkeit aufweist, und zum anderen die Branchenerfahrung oder Erfahrungen aus früherer Selbstständigkeit.[155]

Beide Kategorien sind im Zusammenhang mit dem Unternehmenserfolg positiv zu bewerten. Jedoch sollte die spezielle Branchenerfahrung hervorgehoben werden.

So ist es ein deutlicher Vorteil, wenn der Entrepreneur vor seiner Selbstständigkeit bereits in der Branche verkehrt hat, Berufserfahrung gesammelt hat und dadurch beispielsweise bereits berufliche Netzwerke und notwendige Branchenkenntnisse aufbauen konnte.[156]

Der Faktor Berufserfahrung stellt somit einen wichtigen Erfolgsfaktor bei der Gründung eines Unternehmens dar. Die Vorteilhaftigkeit von spezifischen Branchenkenntnissen und Berufserfahrungen des Gründers in Bezug auf die Selbstständigkeit wird durch zahlreiche Studien bestätigt.[157]

Betriebswirtschaftliche Kenntnisse

Das nahezu hinter jedem gut funktionierenden Unternehmen eine gewisse Organisation und ein Management stecken muss, ist eindeutig.

Daher ist es für einen Entrepreneur, der Erfolg anstrebt, unabdingbar sich bereits im frühen Stadium mit den betriebswirtschaftlichen Abläufen auseinander zu setzen. Alltägliche Herausforderungen wie die Personalplanung, Finanzplanung, Aufbau des Rechnungswesens und Marketing etc. sind im Gründungsprozess eines

---

[154] Cooper / Dunkelberg / Woo (1988) zitiert nach Jacobsen, Liv Kirsten (2006), S. 76
[155] Pechlaner, Harald (2005), S. 37
[156] Klandt, Heinz (2006), S. 20
[157] Jacobsen, Liv Kirsten (2006), S. 76f.

Startups nicht vermeidbar. Um diesen anspruchsvollen Tätigkeiten gerecht zu werden, sind betriebswirtschaftliche Kenntnisse notwendig. Häufig scheitern Gründer bereits an dieser Hürde, da sie sich zu sehr auf ihre Idee fokussieren und infolgedessen beispielsweise die Finanzplanung zu sehr außer Acht lassen oder das Marketing, so dass es zu geringen Verkaufszahlen kommt, unabhängig davon wie gut das Produkt ist.[158]

Zusätzlich zur universitären Ausbildung existieren weitere Angebote, um betriebswirtschaftliche Kenntnisse zu erlangen. Beispielsweise durch bestimmte Kurse in berufsbildenden Schulen, Volkshochschulen und privater Seminare und Schulungen, die besucht werden können, um sich die notwendigen theoretischen Kenntnisse anzueignen und um Hilfestellung in der Gründerphase zu erhalten.

Daher sind die betriebswirtschaftlichen Fähigkeiten eines Entrepreneurs zwingend als Erfolgsfaktor einzustufen.[159]

Gerade in der Gründungsphase gelten betriebswirtschaftliche Kenntnisse als äußerst wichtige Ressource und haben unmittelbare Auswirkungen auf die Produktivität eines Unternehmens.[160]

Zusammenfassend ist das Humankapital eines Gründers mit großer Relevanz zu betrachten. Die Ausbildung, Berufserfahrung und betriebswirtschaftliche Fähigkeiten stellen allesamt wichtige Faktoren dar, die deutlich zum Unternehmenserfolg beitragen können. Hierbei ist hervorzuheben, dass zahlreiche Untersuchungen gezeigt haben, dass es im Hinblick auf den Erfolg von besonderer Bedeutung ist, dass der Entrepreneur ein „Allrounder" ist. Es ist wichtig, dass er von vielen Teilbereichen mindestens so viel versteht, dass er diese Tätigkeiten im Zweifel auch selbst erledigen könnte.[161]

Nach der nun durchgeführten Literaturanalyse wurde ein Überblick über die Persönlichkeitsmerkmale, die sich positiv auf das Unternehmen eines Gründers auswirken, geschaffen.

---

[158] ebenda, S. 79
[159] Jacobsen, Liv Kirsten (2006), S. 79ff.
[160] Frese, Michael / Rauch, Andreas (1998), S. 18
[161] Jacobsen, Liv Kirsten (2006), S. 81f.

Bei der Recherche war auffällig, dass individuelle Beweggründe und Ziele der jeweiligen Gründerperson keine Beachtung fanden, da dieser Aspekt wissenschaftlich nur schwer erfassbar ist.

Um sich der Fragestellung, ob Erfolg in der Persönlichkeit angelegt ist noch weiter anzunähern, werden im nachfolgenden Abschnitt zwei deutsche Unternehmerpersönlichkeiten betrachtet.

4 Analyse Unternehmerpersönlichkeiten

Anhand der zuvor genannten Charaktereigenschaften und demographischen Merkmalen, die sich in der Entrepreneurship-Literatur als Erfolgsfaktoren herauskristallisiert haben, wird im folgenden Abschnitt versucht einen praktischen Bezug anhand einer näheren Betrachtung der markanten Persönlichkeiten der zwei Entrepreneure Oliver Samwer und Frank Thelen zu schaffen. Zudem soll hier noch einmal Raum für die individuelle Betrachtung zwei Persönlichkeiten geschaffen werden, um mit der theoretischen Ausgangslage ein abschließendes Fazit zu diesem Themenbereich herauszuarbeiten.

Dabei liegt der Fokus der Betrachtung einerseits auf dem wissenschaftlich vorherrschenden Big-Five-Modell, sowie andererseits auf den fünf von   McCelland (1987) als besonders wesentlich herausgearbeiteten Merkmalen: Leistungsbedürfnis, Risikobereitschaft, Kontrollüberzeugung, Autonomiestreben und Selbstwirksamkeit.

Die zentrale Frage dabei lautet, welche der zuvor genannten Faktoren werden in den Biografien betrachtet.

Da bei den demographischen Merkmalen der familiäre Aspekt die größte Zustimmung in der Literatur vorweist, wird dieser Faktor, sowie das Humankapital einer Person in der Analyse mit einbegriffen.

4.1 Oliver Samwer

Oliver Samwer zählt zusammen mit seinen zwei Brüdern Alexander und Marc Samwer zu einer der erfolgreichsten Entrepreneure in Deutschland.

Die drei Geschwister gründeten in den letzten zwanzig Jahren mehr als hundert Unternehmen, darunter der deutsche Ableger der Gutscheinplattform Groupon, die Dating Plattform Edarling und das wohl bekannteste Unternehmen der Gründer Zalando.

Mit ihrer Firma Rocket Internet gingen sie 2014 erfolgreich an die Börse und gewannen somit einen Unternehmenswert von fünf Milliarden Euro.[162]

Immer wieder stellt sich die Frage was die Samwer Brüder tun, um einen derartigen Erfolg in ihrer unternehmerischen Tätigkeit zu erlangen.

---

[162] Kaczmarek, Joël (2015), S. 9

Häufig wird im Zusammenhang mit der Suche nach erfolgsrelevanten Faktoren ihrer unternehmerischen Tätigkeit Hinweis auf die markanten Gründerpersönlichkeiten der drei verwiesen.

Vor allem Oliver Samwer ist es, der dabei immer wieder in den Fokus gerät. Er steht im Mittelpunkt und ist die antreibende Kraft der drei Geschwister.

Wie bereits im Zuge dieser Arbeit erwähnt, sprechen Forscher den familiären Aspekten, der Erziehung und der Vorbildfunktion der Eltern die größte Relevanz unter den demographischen Merkmalen zu.

Oliver Samwer hat bereits in seiner frühen Kindheit erfahren, was es bedeutet selbstständig zu sein. Zusammen mit seinem älteren Bruder Marc und seinem jüngeren Bruder Alexander wuchs er in Köln auf und begleitete seinen Vater Sigmar-Jürgen Samwer regelmäßig in seine Anwaltskanzlei. Durch den Vater bekamen die Brüder immer wieder die Hochs und Tiefs des Unternehmertums vermittelt.

So brachte er seinen Söhnen das Handelsblatt mit nach Hause und versuchte damit das Interesse für Börsenkurse bei seinen Söhnen zu wecken.

Der renommierte Rechtsanwalt erzog seinen Nachwuchs mit strenger Hand und konservativem Elitedenken.

Im Zuge dessen, war er es, der seinen Söhnen den Drang nach Wettbewerb und den Wunsch nach Gewinn mit auf den Weg gab.

Während andere Kinder den Berufswunsch Pilot verfolgten, war der Berufswunsch von Oliver Samwer stets der des Unternehmers.[163]

Weiter stellten empirische Ergebnisse die Wichtigkeit des Humankapitals in Bezug auf den Erfolg einer Person heraus.

Anders als seine beiden Brüder, die direkt nach dem Abitur an renommierten Universitäten wie Oxford und Harvard studierten, begann Oliver Samwer zunächst mit einer Ausbildung zum Bankkaufmann. Im Anschluss daran studierte er Betriebswirtschaftslehre an einer privaten Universität in der Nähe von Koblenz.[164]

Mit 24 gründete er seine erste Firma und verkaufte in Bolivien produzierte indianische Fellpantoffeln nach Südamerika. Trotz steigendem Umsatz wollte er etwas „Größeres" erreichen, konnte dadurch jedoch erste Gründererfahrungen sammeln.

---

[163] Kaczmarek, Joel (2015), S. 17ff.

[164] ebenda, 37 ff.

Seine Diplomarbeit mit dem Thema „America's most successful Startups" half ihm schließlich Kontakt zur amerikanischen Unternehmerszene zu erhalten, was ihm wiederum den letzten Anreiz für seine bevorstehende Karriere gegeben hat.[165]

Welche Charaktereigenschaften von Oliver Samwer nun auf die zuvor herausgestellten Erfolgsfaktoren hindeuten, kann durch die Biografien nur vermutet werden.

Ein zutreffendes Persönlichkeitsmerkmal ist die Offenheit für Erfahrungen und die Neugier. Dies zeigte sich bereits in seiner Kindheit und der späteren Ausbildung, zum Beispiel darin, dass er eine Beschwerde wegen des zu vielen Fragens erhielt und außerdem zusätzlich auch bereichsübergreifende Kurse an der Universität belegte, um seine Neugier zu stillen.

Weiter deutet die Biografie darauf hin, dass Oliver Samwer über ein großes Selbstbewusstsein verfügen muss. Dabei schafft er es wie kein anderer, sein Gegenüber von sich und seiner Idee zu überzeugen.

In diesem Zusammenhang wird ihm auch ein gewisser Narzissmus zugeschrieben, da er sich den Erfolg gerne selbst zuschreibt.

Eine tendenziell eher ausgeprägte Kontrollüberzeugung äußert sich im Hinblick auf seine Führungsqualitäten. Es ist eine spezielle Art und Weise, wie er mit seinen Angestellten und Geschäftspartnern umgeht. Er löst in seinem Gegenüber Wünsche und Begehren aus, um sich und seinem Unternehmen einen Vorteil zu verschaffen und sein Umfeld damit aktiv zu verbessern. Oft bringt er dabei seine Mitarbeiter nicht nur an ihre Grenzen, sondern bringt sie dazu teilweise ihre Moral zu vergessen.

Ehemalige Mitarbeiter beschreiben einen Wechsel von cholerischen Wutanfällen bis hin zu Komplimenten.[166]

Personen mit einer hohen Kontrollüberzeugung sind nahezu immun gegenüber der Meinung von Dritten. Dies spiegelt sich in folgender Aussage wider, die er 2007 in einem Interview gab: *„Kritik berührt uns so wenig wie Lob."* [167]

Die Persönlichkeitsforschung hat dem Faktor Leistungsbedürfnis besondere Aufmerksamkeit gewidmet und sie als wichtigste Eigenschaft kategorisiert. Auch bei

---

[165] Kaczmarek, Joel (2015), S. 37ff.
[166] ebenda, 26 ff.
[167] Kaczmarek, Joel (2015)

Oliver Samwer spielte das Bedürfnis nach persönlicher Leistung durchgehend eine tragende Rolle in seinem Leben.

Er setzt sich stets herausfordernde Ziele und versucht diese mit einer auffallend hohen Geschwindigkeit umzusetzen, um somit schneller als seine Konkurrenz zu sein.

Ein gewisses Maß an Autonomiestreben kann ihm ebenfalls zugewiesen werden. Er erkannte schnell, dass er in einem abhängigen Angestelltenverhältnis keine Karriere machen würde und strebte daher frühzeitig Unabhängigkeit an.

Zuletzt wird ihm zwar eine gewisse Risikobereitschaft zugeschrieben, aufgrund der zahlreichen neuen Unternehmen, die er immer wieder zusammen mit seinen Brüdern gegründet hat und der teilweise eher risikoreichen Entscheidungen, die er größtenteils aus seinem Bauch heraus trifft. Andererseits beschreibt er sich selbst als eher risikoavers, so ließ er oft andere das formelle Risiko tragen.

Insgesamt deutet dies auf eine eher mittlere Risikobereitschaft hin, wie sie in der wissenschaftlichen Literatur als am optimalsten für den unternehmerischen Erfolg beschrieben wird.[168]

Zusammenfassend lässt sich sagen, dass sich Oliver Samwers Charaktereigenschaften mit den herausgearbeiteten Erfolgsfaktoren der Literatur grundsätzlich überschneiden. So sind es gerade die Neugier, das Leistungsbedürfnis, die im mittleren Bereich ausgeprägte Risikobereitschaft, die Kontrollüberzeugung und die Selbstwirksamkeit die ihm zugeschrieben werden können und sich sicherlich im Laufe seiner unternehmerischen Tätigkeit positiv auf den Erfolg ausgewirkt haben. Auch seine familiären Verhältnisse, die Erziehung und sein Vater als Vorbild, sowie seine Qualifikationen und betriebswirtschaftlichen Kenntnisse sind positiv im Zusammenhang mit seinem späteren Erfolg zu werten.

4.2 Frank Thelen

Auch Frank Thelen gehört zu einer der erfolgreichsten Gründer Deutschlands. Seit 1994 gründet und leitet er vor allem technologiegetriebene Unternehmen. Bekanntheit erlange er als Investor durch das TV-Format „Die Höhle der Löwen", wo

---

[168] ebenda, S. 26ff.

er zusammen mit anderen Investoren Gründern mit Wissen, Netzwerken und Kapital in ihrer Geschäftsidee unterstützt.[169]

Auffallend im Vergleich zu Oliver Samwer ist, dass Frank Thelen seine Autobiografie selbst geschrieben und veröffentlich hat. Die Biografie von Oliver Samwer hingegen ist fremdgeschrieben.

Dies könnte bereits erste Hinweise auf die Persönlichkeit des Gründers geben.

Frank Thelen ist im Gegensatz zu Oliver Samwer in einer Familie aufgewachsen, die sich eher der Mittelschicht zuordnen lässt.

Sein Vater hat im Vertrieb gearbeitet und seine Mutter war gelernte Kosmetikerin.

Nach seiner Aussage wurde er mit sehr vielen Freiheiten erzogen und hat somit gelernt früh selbstständig zu sein.

Auch der schulische und berufliche Werdegang ist nicht mit dem von Oliver Samwer vergleichbar. Frank Thelen interessierte sich wenig für die Schule und ist auch heute noch der Meinung, dass unser Schulsystem wenig produktiv ist.

Dementsprechend brach er seine schulische Karriere auf dem Gymnasium ab und wechselte auf die Realschule, wo er sein Fachabitur absolvierte.

Im Anschluss daran begann er Informatik zu studieren, brach das Studium jedoch ebenfalls ab und gründete sein erstes Unternehmen.[170]

Zum Zeitpunkt seiner ersten Unternehmensgründung konnte er dementsprechend weder Berufserfahrung noch betriebswirtschaftliche Kenntnisse nachweisen.

In Bezug auf die wissenschaftlich herausgestellten Persönlichkeitsmerkmale ist bei Frank Thelen eine auffallend hohe Risikobereitschaft zu erkennen.

Er gründete mit nur 18 Jahren sein erstes Unternehmen Softer Solutions, ohne zuvor Erfahrung in dem Bereich gesammelt zu haben.

„Ich habe keinen großen Plan gehabt, sondern einfach aus einem inneren Impuls heraus gehandelt."[171]

Wie bei Oliver Samwer wurden Entscheidungen eher aus dem Bauch heraus getroffen.

---

[169] Frank Thelen (2019) Abgerufen am 05.08.2019 von https://frank.io/de/vita/
[170] Thelen, Frank (2018), S. 8ff.
[171] Thelen, Frank (2018), S. 26

Bereits drei Jahre später wurden ihm 1,4 Millionen DM Wagniskapital für seinen Router, der lokale Netzwerke mit dem Internet verband, zur Verfügung gestellt.

An dieser Stelle zeigt sich die Relevanz des Erfolgsfaktors Qualifikation.

Denn sein Unternehmen hatte zwar ein gutes Produkt entwickelt, allerdings wurde es aufgrund von fehlenden Kenntnissen im Vertriebsbereich nicht verkauft und das Unternehmen erwirtschaftete nur wenig Umsatz.

Dennoch sollte das Unternehmen 1999 an die Börse gehen, musste jedoch aufgrund der Dotcom-Blase Insolvenz anmelden.

Aufgrund einer privaten Bürgschaft, die Frank Thelen damals ohne weiteres unterschrieben hatte, stand er vor einer finanziellen Katastrophe.

Mit Mitte zwanzig hatte er Millionenschulden und war kurz vor der Privatinsolvenz.[172]

Hierbei wird deutlich, dass eine zu hohe Risikobereitschaft in Kombination mit fehlender Expertise zu Misserfolg führen kann.

Trotz dieses enormen Rückschlages versuchte er auch dieses Ereignis positiv zu sehen: *„Finanziell war das ein großer Verlust, charakterlich aber der vielleicht größte Gewinn meines Lebens."*[173]

Weiterhin ist ein deutliches Leistungsbedürfnis zu erkennen. Trotz der ersten Insolvenz bestand weiterhin ein so großes Bedürfnis nach Unabhängigkeit und Autonomie, dass er mit 26 Jahren ein neues Produkt entwarf. Analoge Filmrollen würden bald nicht mehr von Relevanz sein und so entwarf er die erste Plattform mit der Fotos online verwaltet und bestellt werden konnten.

Seine große Überzeugung von sich selbst und seinem Produkt verhalfen ihm dazu, dass der Online Fotoservice vier Jahre später Weltmarktführer wurde.[174]

Insgesamt stimmen die Charaktereigenschaften von Frank Thelen nur in einem gewissen Maße mit den herausgefunden wissenschaftlichen Erfolgsfaktoren überein. So kann bei ihm ebenfalls ein starkes Leistungsbedürfnis festgestellt werden. Auch das Streben nach Unabhängigkeit und die Überzeugung von sich selbst waren von Anfang an in seiner Persönlichkeit verankert.

---

[172] ebenda, S. 26 ff.
[173] ebenda, S. 48
[174] ebenda, S. 48 ff.

Jedoch ist gerade am Anfang seines Unternehmerlebens eine hohe Risikobereitschaft vorhanden gewesen, die nicht zum Erfolg beigetragen hat. Erst durch seinen
Misserfolg konnte er an Erfahrungen sammeln, daraus lernen und mit einem Neu-
anfang ein erfolgreiches Unternehmen aufbauen.[175]

Viele erfolgreiche Gründer nennen das Durchhaltevermögen als eines der Schlüs-
selfaktoren für das, was sie erreicht haben.

Frank Thelen vergleicht diese Eigenschaft gerne mit seinem Hobby dem skateboar-
den: *„Denn das skaten bringt mir bei, dass jeder hinfällt, aber nur derjenige, der wieder aufsteht, den Trick irgendwann lernt. Es bringt dir bei, dass du Schmerz aushalten
kannst. Und dass du nach hundert vergeblichen Versuchen Erfolg haben wirst."*[176]

Letztendlich zeigen die zwei Praxisbeispiele, dass unternehmerischer Erfolg nicht
gezwungenermaßen in Abhängigkeit zu den Persönlichkeitsmerkmalen des Gründers steht.

Oliver Samwer besitzt eine Reihe der in der Wissenschaft erforschten Eigenschaften, die zum Erfolg beitragen, Frank Thelen nur im gewissen Maße.

Auch die Frage, nach den persönlichen Motiven und Wertvorstellungen des Gründers darf bei der Beurteilung von Erfolg nicht außer Acht gelassen werden.

Genauso wie die mikro- und makrosoziologischen Faktoren, die zum einen das persönliche Umfeld der Gründerperson und zum anderen das gesellschaftliche und
wirtschaftliche Umfeld beinhalten.[177]

All die genannten Aspekte beeinflussen den Entrepreneur und sein Gründerverhal-
ten.[178]

---

[175] Thelen, Frank (2018)
[176] ebenda, S. 20
[177] Jacobsen, Liv Kirsten (2006), S. 106
[178] ebenda, S. 123

5 Methodische Begrenzung

Während der Grundlagenforschung zu den einzelnen Erfolgsfaktoren stellte sich trotz erhöhten Forschungsbedarf in den letzten Jahren heraus, dass sich die aktuelle Sekundärliteratur noch häufig auf die Primärliteratur aus den 1980er und 1990er Jahren bezieht.

Dies lässt vermuten, dass es sich bei den Tatsachen um ausreichend erforschte Eigenschaften handelt. Allerdings sind weitere Forschungsdesiderate wünschenswert, um die Aktualität dieser die in diesem Beitrag aufgezeigten Einflussfaktoren zu überprüfen.

Besonders sind hierbei die demographischen Merkmale und die Persönlichkeitsmerkmale zu erwähnen, die im Zusammenhang mit gesellschaftlichen Umstrukturierungen und Wandlungsprozessen betrachtet werden müssen.

Auch der geographische Aspekt ist in Anbetracht der aktuell existierenden Literatur zu hinterfragen. Dieser lässt vermuten, dass sie sich grundsätzlich auf den westlichen Teil der Gesellschaft bezieht und nicht weltweit in dieser Form anzuwenden ist.

Ein weiteres methodisches Problem ist die zu starre Betrachtung der Persönlichkeitsmerkmale. Oft wird versucht diese zu messen, jedoch ohne weitere Umweltfaktoren, kulturelle Einflüsse und demographische Hintergründe mit in die Bewertung einzubeziehen.

Forschungsmethodologisch ist noch zu erwähnen, dass die Analyse der Unternehmerpersönlichkeiten der zwei Praxisbeispiele auf Grundlage von nicht wissenschaftlicher Literatur basierte, sondern sich aus Biografien speisten. Eine persönliche Stellungnahme oder eine Interviewform der beiden Persönlichkeiten war nicht möglich.

6 Fazit

Grundsätzlich kann jeder Mensch, der die Vision verfolgt, sich selbstständig zu machen, sein eigenes Unternehmen gründen.

Interessant ist dabei, welche Personen sich dazu entscheiden, diesen Schritt zu wagen, und welches Maß an Erfolg diese Person mit der Selbstständigkeit erreicht.

Im Rahmen der Schlussbetrachtung soll zusammengetragen werden, welche Persönlichkeitsmerkmale in der Forschung herausgefunden wurden, inwiefern die Charaktereigenschaften nachweislich Einfluss auf den Erfolg eines Gründers haben und welche Faktoren dabei in der wissenschaftlichen Literatur nicht ausreichend berücksichtigt wurden.

Die Persönlichkeitsmerkmale eines Gründers stellen in vielerlei Hinsicht eine enorme Wichtigkeit für die Entrepreneurship-Forschung dar. Während sich viele Theorien und empirische Studien einem Konzept angenähert haben und mittlerweile zahlreiche Übereinstimmungen herausgearbeitet wurden, ist die Literatur in diesem Bereich aufgrund konzeptioneller und empirischer Herausforderungen, mit denen Forscher konfrontiert sind, immer noch sehr unklar. Da Entrepreneure immer eine gewisse Heterogenität aufweisen, ist es nicht verwunderlich, dass die Studien im Bereich der Persönlichkeitsforschung in der Vergangenheit teilweise sehr unterschiedlich ausfielen.

Diese Arbeit soll die Übereinstimmungen aus den empirischen Befunden unter der Berücksichtigung der Heterogenität in diesem Themenkomplex hervorheben.

Die derzeitigen empirischen Studien im Bereich Entrepreneurship haben eine Reihe von Persönlichkeitseigenschaften identifiziert.

Vor allem Leistungsbedürfnis, Kontrollüberzeugung und Risikobereitschaft sind drei wesentliche Eigenschaften, die in der Forschung hohe Validität aufweisen. Auch eine hohe Selbstwirksamkeit und das Streben nach Unabhängigkeit wird mehrheitlich als positiver Erfolgsfaktor hervorgehoben. Besondere Aufmerksamkeit haben die Forscher den weiteren drei Aspekten Innovationsfähigkeit, Ambiguitätstoleranz und Durchsetzungsvermögen gewidmet.

Dennoch ist die Suche nach dem perfekten Set an Persönlichkeitseigenschaften, die ein Gründer besitzen muss, bislang gescheitert.

Die charakterliche Struktur hat zwar bis zu einem gewissen Grad eine Mitentscheidungskraft im Hinblick auf die Initiative einer Person ein Unternehmen zu gründen. Auch wurde durch die Entrepreneurship-Literatur, Theorien und wissenschaftlichen Studien eindeutige Faktoren herausgearbeitet, die sich positiv auf den Gründungserfolg auswirken.

Jedoch muss an dieser Stelle festgehalten werden, dass dies nur als ein Teilaspekt angesehen werden darf. Denn ohne Zweifel sind es weitaus mehr Faktoren, die auf ein gegründetes Unternehmen einwirken wie beispielsweise die Wirtschaftslage, das Verhalten der Wettbewerber, gesetzliche Vorschriften, Kapitalverfügbarkeit, etc. die schlussendlich über Erfolg und Misserfolg entscheiden.

Da eine so große Anzahl an Faktoren dies beeinflusst, ist es nicht möglich eine allgemeingültige Aussage zu treffen, was die Gründerperson erfolgreich macht.

Daher können die genannten erfolgsrelevanten Merkmale nur in Verbindung mit dem Humankapital, den demographischen Aspekten, sowie des Umfeldes des Entrepreneurs als wirksam betrachtet werden.

Eine Pauschalisierung und Generalisierung in diesem Bereich ist unmöglich. Daher scheint es besonders interessant erfolgreiche Persönlichkeiten wie Oliver Samwer und Frank Thelen genauer zu betrachten und individuell zu analysieren welche Eigenschaften und Merkmale zum Erfolg geführt haben. Des Weiteren wurde durch die Analyse die Möglichkeit gegeben, weitere nicht in der wissenschaftlichen Literatur berücksichtigte Faktoren zu betrachten, die größtenteils im Rahmen der methodischen Begrenzung erwähnt wurden. Weiterhin sind es die persönlichen Ziele und Beweggründe eines jeden Gründers, die in der Literatur keine Beachtung finden.

Aufgrund der großen Zustimmung im Bereich der Persönlichkeitsforschung ist ein verstärkter Fokus auf die Entrepreneurship Education nachvollziehbar, um die Eigenschaften eines potenziellen Gründers zu fördern.

Da die Persönlichkeit im gewissen Maße in der Schule geformt wird, sollte zusätzlich hinterfragt werden, ob und in welchem Ausmaß Defizite im Bereich der schulischen Ausbildung im Kontext mit dem Thema Entrepreneurship dafür verantwortlich sind, das gründungshemmende Persönlichkeitsmerkmale entstehen.

Eine wesentliche Herausforderung für künftige Forschungen im Bereich der Persönlichkeitsmerkmale, bestehen in der Entwicklung theoretischer Ansätze, die empirisch so gemessen werden können, dass Kausalität zwischen den psychologischen Merkmalen und den unternehmerischen Ergebnissen ermittelt werden kann.

Wichtig ist, dass jeder Entrepreneur als Individuum betrachtet wird. Es müssen nicht alle „Personality Traits" vorhanden sein, um erfolgreich zu werden. Gemeinsam haben jedoch alle eins: *„Sie sind ambitioniert die Welt auf eine positive Art zu verändern und sind davon überzeugt, dass sie auch in der Lage dazu sind."*[179]

---

[179] Thelen, Frank (2018)

Literaturverzeichnis

Barrick, M. R. / Mount, M. K. / Judge, T. A. (2001): Personality and Performance at the Beginning of the New Millennium: What Do We Know and Where Do We Go Next?, in: Int J Selection & Assessment, Vol. 9, 1&2, 2001, S. 9–30.

Baum, J. R. / Locke, E. A. (2004): The relationship of entrepreneurial traits, skill, and motivation to subsequent venture growth, in: The Journal of applied psychology, Vol. 89, No. 4, 2004, S. 587–598.

Bellu, R. R. / Davidsson, P. / Goldfarb, C. (1990): Toward a theory of entrepreneurial behaviour; empirical evidence from Israel, Italy and Sweden, in: Entrepreneurship & Regional Development, Vol. 2, No. 2, 1990, S. 195–209.

Beugelsdijk, S. / Noorderhaven, N. (2005): Personality Characteristics of Self-Employed. An Empirical Study, in: Small Business Economics, Vol. 24, No. 2, 2005, S. 159–167.

Bird, B. J. (1989): Entrepreneurial behavior, Glenview, Ill, 1989.

Block, J., et al. (2009): Gründungshemmnisse in Marktmechanismen und -umfeld. Facetten empirischer Evidenz. Bericht, Berlin.

Brüderl, J. / Preisendörfer, P. / Ziegler, R. (2009): Der Erfolg neugegründeter Betriebe. Eine empirische Studie zu den Chancen und Risiken von Unternehmensgründungen, Berlin, 2009, 3., erw. Aufl.

Carsrud, A. L. / Brännback, M. (2009): Understanding the Entrepreneurial Mind. Opening the Black Box, New York, NY, 2009.

Ciavarella, M. A., et al. (2004): The Big Five and venture survival: Is there a linkage?, in: Journal of Business Venturing, Vol. 19, No. 4, 2004, S. 465–483.

Davidsson, P. (2006): Nascent Entrepreneurship: Empirical Studies and Developments, in: FNT in Entrepreneurship, Vol. 2, No. 1, 2006, S. 1–76.

Fallgatter (2002): Theorie des Entrepreneurship, 2002.

Freiling, J. (2006): Entrepreneurship. Theoretische Grundlagen und unternehmerische Praxis, München, 2006.

Frese, M. / Rauch, A. (1998): Was wissen wir über die Psychologie erfolgreichen Unternehmertums ?, in: Frese, M. (Hrsg.): Erfolgreiche Unternehmensgründer. Psychologische Analysen und praktische Anleitungen für Unternehmer in Ost- und Westdeutschland, Göttingen, 1998, S. 5–34.

Fritsch, M. (1992): Regional Differences in New Firm Formation: Evidence from West Germany, in: Regional Studies, Vol. 26, No. 3, 1992, S. 233–241.

Fritsch, M. (2019): Entrepreneurship. Theorie, Empirie, Politik, Berlin, 2019, 2., überarbeitete und aktualisierte Auflage.

Fueglistaller, U., et al. (2016): Entrepreneurship. Modelle - Umsetzung - Perspektiven. Mit Fallbeispielen aus Deutschland, Österreich und der Schweiz, Wiesbaden, 2016, 4. Auflage.

Gimeno, J., et al. (1997): Survival of the Fittest? Entrepreneurial Human Capital and the Persistence of Underperforming Firms, in: Administrative Science Quarterly, Vol. 42, No. 4, 1997, S. 750–783.

Grichnik, D. (2006): Die Opportunity Map der internationalen Entrepreneurshipforschung: Zum Kern des interdisziplinären Forschungsprogramms, in: Z. Betriebswirtsch, Vol. 76, No. 12, 2006, S. 1303–1333.

Hammermeister, B. R. (2006): Unternehmensgründung und Gründerperson. Organisationspsychologische Zugänge zu Unternehmertum. Zugl.: München, Univ., Diss., 2005, Hamburg, 2006.

Hell, B. / Gatzka, T. (2018): Persönlichkeit und Gründungserfolg von Entrepreneuren und Entrepreneurinnen: Entrepreneurship & Innovation, Basel, 2018.

Hisrich, R. D. / Peters, M. P. (1989): Entrepreneurship. Starting, developing, and managing a new enterprise, Homewood, IL, 1989.

Hisrich, R. D. / Peters, M. P. (1998): Entrepreneurship. Starting, Developing, and Managing a New Enterprise, Boston, Mass., 1998, 4. ed., internat. ed.

Jacobsen, L. K. (2006): Erfolgsfaktoren bei der Unternehmensgründung. Enterpreneurship in Theorie und Praxis, Wiesbaden, 2006.

Johansson, D. (2005): The Turnover of Firms and Industry Growth, in: Small Business Economics, Vol. 24, No. 5, 2005, S. 487–495.

John, O. P. / Naumann, L. P. / Soto, C. J.: Paradigm Shift to the Integrative Big-Five Trait Taxonomy:. History, Measurement, and Conceptual Issues: Handbook of Personality: Theory and Research.

Judge, T. A., et al. (1999): The big five personality traits, general mental ability, and career success across the life span, in: Personnel Psychology, Vol. 52, No. 3, 1999, S. 621–652.

Kaczmarek, J. (2015): Die Paten des Internets. Zalando, Jamba, Groupon wie die Samwer-Brüder das grösste Internet-Imperium der Welt aufbauen, München, 2015, 3. Auflage.

Klandt, H. (1984): Aktivität und Erfolg des Unternehmungsgründers. Eine empirische Analyse unter Einbeziehung des mikrosozialen Umfeldes. Zugl.: Köln, Univ., Diss., 1983, Bergisch Gladbach, 1984.

Klandt, H. (2006): Gründungsmanagement: Der Integrierte Unternehmensplan 2.A, München, 2006.

Leutner, F., et al. (2014): The relationship between the entrepreneurial personality and the Big Five personality traits, in: Personality and Individual Differences, Vol. 63, 2014, S. 58–63.

McClelland, D. C. (1987): Characteristics of Successful Entrepreneurs, in: The Journal of Creative Behavior, Vol. 21, No. 3, 1987, S. 219–233.

Minniti, M. / Bygrave, W. (1999): The Microfoundations of Entrepreneurship, in: Entrepreneurship Theory and Practice, Vol. 23, No. 4, 1999, S. 41–52.

Napier, H. A. / Rivers, O. N. / Wagner, S. W. (2006): Creating a winning e-business, Boston, Mass., 2006, 2. ed.

Pechlaner, H. (Hrsg.) (2005): Unternehmertum und Unternehmensgründung. Grundlagen und Fallstudien, Wiesbaden, 2005.

Pekkala Kerr, S. / Kerr, W. / Xu, T. (2017): Personality Traits of Entrepreneurs. A Review of Recent Literature. Working Paper.

Rauch, A. / Frese, M. (2007a): Born to be an entrepreneur? Revisiting the personality approach to entrepreneurship, in: The psychology of entrepreneurship 2007, 2007.

Rauch, A. / Frese, M. (2007b): Let's put the person back into entrepreneurship research: A meta-analysis on the relationship between business owners' personality traits, business creation, and success, in: European Journal of Work and Organizational Psychology, Vol. 16, No. 4, 2007, S. 353–385.

Ripsas, S. (1997): Entrepreneurship als ökonomischer Prozeß. Perspektiven zur Förderung unternehmerischen Handelns, 1997.

Schulte, R. (2004): Was ist „Gründungserfolg"? Überlegungen zur Operationalisierung eines folkloristischen Begriffs, in: Perspektiven der Mittelstandsforschung 2004, S. 203–228.

Shane, S. / Venkataraman, S. (2001): Entrepreneurship as a field of research: A response to Zahra and Dess, Singh, and Erickson, in: Academy of Management, Vol. 26, 2001, S. 13–16.

Shane, S. A. (2003): A general theory of entrepreneurship. The individual-opportunity nexus, Cheltenham, U.K, Northampton, Mass, 2003.

Simon, W. (Hrsg.) (2006): Persönlichkeitsmodelle und Persönlichkeitstests. 15 Persönlichkeitsmodelle für Personalauswahl, Persönlichkeitsentwicklung, Training und Coaching, Offenbach, 2006.

Singh, G. / DeNoble, A. (2003): Early Retirees As the Next Generation of Entrepreneurs, in: Entrepreneurship Theory and Practice, Vol. 27, No. 3, 2003, S. 207–226.

Solymossy, E. (2000): Entrepreneurial dimensions. The relationship of individual, venture, and environmental factors to success, in: Entrepreneurship Theory and Practice, Vol. 24, No. 4, 2000, S. 79–80.

Tegtmeier, S. (2008): Die Existenzgründungsabsicht. Dissertation, 2008.

Thelen, F. (2018): Die Autobiografie. Startup-DNA hinfallen, aufstehen, die Welt verändern, Hamburg, 2018.

Uebelacker, S. (2005): Gründungsausbildung. Entrepreneurship Education an deutschen Hochschulen und ihre raumrelevanten Strukturen, Inhalte und Effekte. Zugl.: Regensburg, Univ., Diss., 2004, Wiesbaden, 2005.

Vecchio, R. P. (2003): Entrepreneurship and leadership: common trends and common threads, in: Human Resource Management Review, Vol. 13, No. 2, 2003, S. 303–327.

Wagner, K. / Ziltener, A. (2007): Die Unternehmerpersönlichkeit und ihre Gründungsentscheidung. Gründungsmotive als Weichensteller: Sozialwissenschaftliche Aspekte des Gründungsmanagements, 2007, S. 192–222.

Zhao, H. / Seibert, S. E. / Lumpkin, G. T. (2010): The Relationship of Personality to Entrepreneurial Intentions and Performance: A Meta-Analytic Review, in: Journal of Management, Vol. 36, No. 2, 2010, S. 381–404.

Duden: Erfolg - Rechtschreibung, Bedeutung, Definition, Herkunft, abgerufen am 04.08.2019,https://www.duden.de/rechtschreibung/Erfolg.

Frank Thelen (2019): Frank Thelen - Lebenslauf, abgerufen am 05.08.2019,https://frank.io/de/vita/.

Metzger, G. (2019): KfW-Gründungsmonitor 2019. Tabellen- und Methodenband, abgerufen am 06.08.2019,https://www.kfw.de/PDF/Download-Center/Konzernthemen/Research/PDF-Dokumente-Gr%C3%BCndungs-monitor/KfW-Gruendungsmonitor-2019-Tabellenband.pdf.